卷 首 语

  近年来，随着劳动用工制度的深刻变革，社会保障制度不断发展以及劳动法律制度的持续完善，劳动争议案件数量居高不下，并呈现出关系复杂化、诉讼群体化、诉求多样化、问题疑难化的特点，最高人民法院为此相继出台了四个有关审理劳动争议纠纷案件的司法解释，然而，审判实践中的热点、难点问题仍层出不穷。本辑我们收录了《浙江省高级人民法院民一庭关于审理劳动争议纠纷案件若干疑难问题的解答》及其相关解读文章，以供读者参考。

  2012 年民事诉讼法对鉴定程序规则的改动较大，其中一个亮点便是将职权主义模式的鉴定启动程序修改为当事人主义为主、职权主义为辅的模式。本辑"司法实务问题研究"栏目收录的《民事诉讼鉴定程序启动的若干理论与实务问题探讨》一文，从民事诉讼模式与鉴定程序启动方式的关系出发，就 2012 年民事诉讼法规定的鉴定启动程序的若干理论与实务问题做一探讨，以期对读者有所裨益。此外，该栏目收录的《交强险若干实务问题研究》一文，系结合《最高人民法院关于审理道路交通事故损害赔偿案件适用法律若干问题的解释》，就司法实践中涉及交强险的几个实务疑难问题进行的探讨，应对读者有所启发。

图书在版编目（CIP）数据

民事法律文件解读．总第102辑/奚晓明主编．—北京：人民法院出版社，2013.7

（最新法律文件解读丛书）

ISBN 978 - 7 - 5109 - 0756 - 2

Ⅰ．①民…　Ⅱ．①奚…　Ⅲ．①民法 – 法律解释 – 中国②民事诉讼法 – 法律解释 – 中国　Ⅳ．①D923.05②D925.105

中国版本图书馆 CIP 数据核字（2013）第 172506 号

民事法律文件解读·总第 102 辑

主编　奚晓明

责任编辑　肖瑾璟
出版发行　人民法院出版社
地　　址　北京市东城区东交民巷 27 号　邮编　100745
电　　话　（010）67550562（责任编辑）　67550558（发行部查询）
　　　　　　65223677（读者服务部）
网　　址　http://www.courtbook.com.cn
E – mail　courtbook@sina.com
印　　刷　北京人卫印刷厂
经　　销　新华书店
开　　本　787×1092 毫米　1/16
字　　数　140 千字
印　　张　8
版　　次　2013 年 7 月第 1 版　2013 年 7 月第 1 次印刷
书　　号　ISBN 978 - 7 - 5109 - 0756 - 2
定　　价　16.00 元

《最新法律文件解读》丛书
编　委　会

执行编辑　肖瑾璟

电　　话　（010）67550562

邮　　箱　courtbook@163.com

目　录

[法律、法律性文件与解读]

中华人民共和国特种设备安全法

(2013 年 6 月 29 日第十二届全国人民代表大会常务委员会第三次
会议通过　2013 年 6 月 29 日中华人民共和国主席令第四号
公布　自 2014 年 1 月 1 日起施行)

目　录

第一章　总　则

第一条　为了加强特种设备安全工作，预防特种设备事故，保障人身和财产安全，促进经济社会发展，制定本法。

第二条 特种设备的生产（包括设计、制造、安装、改造、修理）、经营、使用、检验、检测和特种设备安全的监督管理，适用本法。

本法所称特种设备，是指对人身和财产安全有较大危险性的锅炉、压力容器（含气瓶）、压力管道、电梯、起重机械、客运索道、大型游乐设施、场（厂）内专用机动车辆，以及法律、行政法规规定适用本法的其他特种设备。

国家对特种设备实行目录管理。特种设备目录由国务院负责特种设备安全监督管理的部门制定，报国务院批准后执行。

第三条 特种设备安全工作应当坚持安全第一、预防为主、节能环保、综合治理的原则。

第四条 国家对特种设备的生产、经营、使用，实施分类的、全过程的安全监督管理。

第五条 国务院负责特种设备安全监督管理的部门对全国特种设备安全实施监督管理。县级以上地方各级人民政府负责特种设备安全监督管理的部门对本行政区域内特种设备安全实施监督管理。

第六条 国务院和地方各级人民政府应当加强对特种设备安全工作的领导，督促各有关部门依法履行监督管理职责。

县级以上地方各级人民政府应当建立协调机制，及时协调、解决特种设备安全监督管理中存在的问题。

第七条 特种设备生产、经营、使用单位应当遵守本法和其他有关法律、法规，建立、健全特种设备安全和节能责任制度，加强特种设备安全和节能管理，确保特种设备生产、经营、使用安全，符合节能要求。

第八条 特种设备生产、经营、使用、检验、检测应当遵守有关特种设备安全技术规范及相关标准。

特种设备安全技术规范由国务院负责特种设备安全监督管理的部门制定。

第九条 特种设备行业协会应当加强行业自律，推进行业诚信体系建设，提高特种设备安全管理水平。

第十条 国家支持有关特种设备安全的科学技术研究，鼓励先进技术和先进管理方法的推广应用，对做出突出贡献的单位和个人给予奖励。

第十一条 负责特种设备安全监督管理的部门应当加强特种设备安全宣传教育，普及特种设备安全知识，增强社会公众的特种设备安全意识。

第十二条 任何单位和个人有权向负责特种设备安全监督管理的部门和有关部门举报涉及特种设备安全的违法行为，接到举报的部门应当及时处理。

第二章　生产、经营、使用

第一节　一般规定

第十三条 特种设备生产、经营、使用单位及其主要负责人对其生产、经营、使用的特种设备安全负责。

特种设备生产、经营、使用单位应当按照国家有关规定配备特种设备安全管理人员、检测人员和作业人员，并对其进行必要的安全教育和技能培训。

第十四条 特种设备安全管理人员、检测人员和作业人员应当按照国家有关规定取得相应资格，方可从事相关工作。特种设备安全管理人员、检测人员和作业人员应当严格执行安全技术规范和管理制度，保证特种设备安全。

第十五条 特种设备生产、经营、使用单位对其生产、经营、使用的特种设备应当进行自行检测和维护保养，对国家规定实行检验的特种设备应当及时申报并接受检验。

第十六条 特种设备采用新材料、新技术、新工艺，与安全技术规范的要求不一致，或者安全技术规范未作要求、可能对安全性能有重大影响的，应当向国务院负责特种设备安全监督管理的部门申报，由国务院负责特种设备安全监督管理的部门及时委托安全技术咨询机构或者相关专业机构进行技术评审，评审结果经国务院负责特种设备安全监督管理的部门批准，方可投入生产、使用。

国务院负责特种设备安全监督管理的部门应当将允许使用的新材料、新技术、新工艺的有关技术要求，及时纳入安全技术规范。

第十七条 国家鼓励投保特种设备安全责任保险。

第二节　生　产

第十八条　国家按照分类监督管理的原则对特种设备生产实行许可制度。特种设备生产单位应当具备下列条件，并经负责特种设备安全监督管理的部门许可，方可从事生产活动：

（一）有与生产相适应的专业技术人员；

（二）有与生产相适应的设备、设施和工作场所；

（三）有健全的质量保证、安全管理和岗位责任等制度。

第十九条　特种设备生产单位应当保证特种设备生产符合安全技术规范及相关标准的要求，对其生产的特种设备的安全性能负责。不得生产不符合安全性能要求和能效指标以及国家明令淘汰的特种设备。

第二十条　锅炉、气瓶、氧舱、客运索道、大型游乐设施的设计文件，应当经负责特种设备安全监督管理的部门核准的检验机构鉴定，方可用于制造。

特种设备产品、部件或者试制的特种设备新产品、新部件以及特种设备采用的新材料，按照安全技术规范的要求需要通过型式试验进行安全性验证的，应当经负责特种设备安全监督管理的部门核准的检验机构进行型式试验。

第二十一条　特种设备出厂时，应当随附安全技术规范要求的设计文件、产品质量合格证明、安装及使用维护保养说明、监督检验证明等相关技术资料和文件，并在特种设备显著位置设置产品铭牌、安全警示标志及其说明。

第二十二条　电梯的安装、改造、修理，必须由电梯制造单位或者其委托的依照本法取得相应许可的单位进行。电梯制造单位委托其他单位进行电梯安装、改造、修理的，应当对其安装、改造、修理进行安全指导和监控，并按照安全技术规范的要求进行校验和调试。电梯制造单位对电梯安全性能负责。

第二十三条　特种设备安装、改造、修理的施工单位应当在施工前将拟进行的特种设备安装、改造、修理情况书面告知直辖市或者设区的市级人民政府负责特种设备安全监督管理的部门。

第二十四条　特种设备安装、改造、修理竣工后，安装、改造、修理的施工单位应当在验收后三十日内将相关技术资料和文件移交特种设备使用单位。特种设备使用单位应当将其存入该特种设备的安全技术档案。

第二十五条　锅炉、压力容器、压力管道元件等特种设备的制造过程和锅炉、压力容器、压力管道、电梯、起重机械、客运索道、大型游乐设施的安装、改造、重大修理过程，应当经特种设备检验机构按照安全技术规范的要求进行监督检验；未经监督检验或者监督检验不合格的，不得出厂或者交付使用。

第二十六条　国家建立缺陷特种设备召回制度。因生产原因造成特种设备存在危及安全的同一性缺陷的，特种设备生产单位应当立即停止生产，主动召回。

国务院负责特种设备安全监督管理的部门发现特种设备存在应当召回而未召回的情形时，应当责令特种设备生产单位召回。

第三节　经　营

第二十七条　特种设备销售单位销售的特种设备，应当符合安全技术规范及相关标准的要求，其设计文件、产品质量合格证明、安装及使用维护保养说明、监督检验证明等相关技术资料和文件应当齐全。

特种设备销售单位应当建立特种设备检查验收和销售记录制度。

禁止销售未取得许可生产的特种设备，未经检验和检验不合格的特种设备，或者国家明令淘汰和已经报废的特种设备。

第二十八条　特种设备出租单位不得出租未取得许可生产的特种设备或者国家明令淘汰和已经报废的特种设备，以及未按照安全技术规范的要求进行维护保养和未经检验或者检验不合格的特种设备。

第二十九条　特种设备在出租期间的使用管理和维护保养义务由特种设备出租单位承担，法律另有规定或者当事人另有约定的除外。

第三十条　进口的特种设备应当符合我国安全技术规范的要求，并经检验合格；需要取得我国特种设备生产许可的，应当取得许可。

进口特种设备随附的技术资料和文件应当符合本法第二十一条的规定，其安装及使用维护保养说明、产品铭牌、安全警示标志及其说明应当采用中文。

特种设备的进出口检验，应当遵守有关进出口商品检验的法律、行政法规。

第三十一条 进口特种设备，应当向进口地负责特种设备安全监督管理的部门履行提前告知义务。

第四节 使 用

第三十二条 特种设备使用单位应当使用取得许可生产并经检验合格的特种设备。

禁止使用国家明令淘汰和已经报废的特种设备。

第三十三条 特种设备使用单位应当在特种设备投入使用前或者投入使用后三十日内，向负责特种设备安全监督管理的部门办理使用登记，取得使用登记证书。登记标志应当置于该特种设备的显著位置。

第三十四条 特种设备使用单位应当建立岗位责任、隐患治理、应急救援等安全管理制度，制定操作规程，保证特种设备安全运行。

第三十五条 特种设备使用单位应当建立特种设备安全技术档案。安全技术档案应当包括以下内容：

（一）特种设备的设计文件、产品质量合格证明、安装及使用维护保养说明、监督检验证明等相关技术资料和文件；

（二）特种设备的定期检验和定期自行检查记录；

（三）特种设备的日常使用状况记录；

（四）特种设备及其附属仪器仪表的维护保养记录；

（五）特种设备的运行故障和事故记录。

第三十六条 电梯、客运索道、大型游乐设施等为公众提供服务的特种设备的运营使用单位，应当对特种设备的使用安全负责，设置特种设备安全管理机构或者配备专职的特种设备安全管理人员；其他特种设备使用单位，应当根据情况设置特种设备安全管理机构或者配备专职、兼职的特种设备安全管理人员。

第三十七条 特种设备的使用应当具有规定的安全距离、安全防护措施。

与特种设备安全相关的建筑物、附属设施，应当符合有关法律、行政法规的规定。

第三十八条 特种设备属于共有的，共有人可以委托物业服务单位或者其他管理人管理特种设备，受托人履行本法规定的特种设备使用单位的义务，承担相应责任。共有人未委托的，由共有人或者实际管理人履行管理义务，承担相应责任。

第三十九条 特种设备使用单位应当对其使用的特种设备进行经常性维护保养和定期自行检查，并作出记录。

特种设备使用单位应当对其使用的特种设备的安全附件、安全保护装置进行定期校验、检修，并作出记录。

第四十条 特种设备使用单位应当按照安全技术规范的要求，在检验合格有效期届满前一个月向特种设备检验机构提出定期检验要求。

特种设备检验机构接到定期检验要求后，应当按照安全技术规范的要求及时进行安全性能检验。特种设备使用单位应当将定期检验标志置于该特种设备的显著位置。

未经定期检验或者检验不合格的特种设备，不得继续使用。

第四十一条 特种设备安全管理人员应当对特种设备使用状况进行经常性检查，发现问题应当立即处理；情况紧急时，可以决定停止使用特种设备并及时报告本单位有关负责人。

特种设备作业人员在作业过程中发现事故隐患或者其他不安全因素，应当立即向特种设备安全管理人员和单位有关负责人报告；特种设备运行不正常时，特种设备作业人员应当按照操作规程采取有效措施保证安全。

第四十二条 特种设备出现故障或者发生异常情况，特种设备使用单位应当对其进行全面检查，消除事故隐患，方可继续使用。

第四十三条 客运索道、大型游乐设施在每日投入使用前，其运营使用单位应当进行试运行和例行安全检查，并对安全附件和安全保护装置进行检查确认。

电梯、客运索道、大型游乐设施的运营使用单位应当将电梯、客运索道、大型游乐设施的安全使用说明、安全注意事项和警示标志置于易于为乘客注意的显著位置。

公众乘坐或者操作电梯、客运索道、大型游乐设施，应当遵守安全使用说明和安全注意事项的要求，服从有关工作人员的管理和指挥；遇有运行不正常时，应当按照安全指引，有序撤离。

第四十四条　锅炉使用单位应当按照安全技术规范的要求进行锅炉水（介）质处理，并接受特种设备检验机构的定期检验。

从事锅炉清洗，应当按照安全技术规范的要求进行，并接受特种设备检验机构的监督检验。

第四十五条　电梯的维护保养应当由电梯制造单位或者依照本法取得许可的安装、改造、修理单位进行。

电梯的维护保养单位应当在维护保养中严格执行安全技术规范的要求，保证其维护保养的电梯的安全性能，并负责落实现场安全防护措施，保证施工安全。

电梯的维护保养单位应当对其维护保养的电梯的安全性能负责；接到故障通知后，应当立即赶赴现场，并采取必要的应急救援措施。

第四十六条　电梯投入使用后，电梯制造单位应当对其制造的电梯的安全运行情况进行跟踪调查和了解，对电梯的维护保养单位或者使用单位在维护保养和安全运行方面存在的问题，提出改进建议，并提供必要的技术帮助；发现电梯存在严重事故隐患时，应当及时告知电梯使用单位，并向负责特种设备安全监督管理的部门报告。电梯制造单位对调查和了解的情况，应当作出记录。

第四十七条　特种设备进行改造、修理，按照规定需要变更使用登记的，应当办理变更登记，方可继续使用。

第四十八条　特种设备存在严重事故隐患，无改造、修理价值，或者达到安全技术规范规定的其他报废条件的，特种设备使用单位应当依法履行报废义务，采取必要措施消除该特种设备的使用功能，并向原登记的负责特种设备安全监督管理的部门办理使用登记证书注销手续。

前款规定报废条件以外的特种设备，达到设计使用年限可以继续使用的，应当按照安全技术规范的要求通过检验或者安全评估，并办理使用登记证书变更，方可继续使用。允许继续使用的，应当采取加强检验、检测和维护保养等措施，确保使用安全。

第四十九条　移动式压力容器、气瓶充装单位，应当具备下列条件，并经负责特种设备安全监督管理的部门许可，方可从事充装活动：

（一）有与充装和管理相适应的管理人员和技术人员；

（二）有与充装和管理相适应的充装设备、检测手段、场地厂房、器具、安全设施；

（三）有健全的充装管理制度、责任制度、处理措施。

充装单位应当建立充装前后的检查、记录制度，禁止对不符合安全技术规范要求的移动式压力容器和气瓶进行充装。

气瓶充装单位应当向气体使用者提供符合安全技术规范要求的气瓶，对气体使用者进行气瓶安全使用指导，并按照安全技术规范的要求办理气瓶使用登记，及时申报定期检验。

第三章　检验、检测

第五十条　从事本法规定的监督检验、定期检验的特种设备检验机构，以及为特种设备生产、经营、使用提供检测服务的特种设备检测机构，应当具备下列条件，并经负责特种设备安全监督管理的部门核准，方可从事检验、检测工作：

（一）有与检验、检测工作相适应的检验、检测人员；

（二）有与检验、检测工作相适应的检验、检测仪器和设备；

（三）有健全的检验、检测管理制度和责任制度。

第五十一条　特种设备检验、检测机构的检验、检测人员应当经考核，取得检验、检测人员资格，方可从事检验、检测工作。

特种设备检验、检测机构的检验、检测人员不得同时在两个以上检验、检测机构中执业；变更执业机构的，应当依法办理变更手续。

第五十二条　特种设备检验、检测工作应当遵守法律、行政法规的规定，并按照安全技术规范的要求进行。

特种设备检验、检测机构及其检验、检测人员应当依法为特种设备生产、经营、使用单位提供安全、可靠、便捷、诚信的检验、检测服务。

第五十三条　特种设备检验、检测机构及其检验、检测人员应当客观、公正、及时地出具检验、检测报告，并对检验、检测结果和鉴定结论负责。

特种设备检验、检测机构及其检验、检测人员在检验、检测中发现特种设备存在严重事故隐患时，应当及时告知相关单位，并立即向负责特种设备安全监督管理的部门报告。

负责特种设备安全监督管理的部门应当组织对特种设备检验、检测机构的检验、检测结果和鉴定结论进行监督抽查，但应当防止重复抽查。监督抽查结果应当向社会公布。

第五十四条 特种设备生产、经营、使用单位应当按照安全技术规范的要求向特种设备检验、检测机构及其检验、检测人员提供特种设备相关资料和必要的检验、检测条件，并对资料的真实性负责。

第五十五条 特种设备检验、检测机构及其检验、检测人员对检验、检测过程中知悉的商业秘密，负有保密义务。

特种设备检验、检测机构及其检验、检测人员不得从事有关特种设备的生产、经营活动，不得推荐或者监制、监销特种设备。

第五十六条 特种设备检验机构及其检验人员利用检验工作故意刁难特种设备生产、经营、使用单位的，特种设备生产、经营、使用单位有权向负责特种设备安全监督管理的部门投诉，接到投诉的部门应当及时进行调查处理。

第四章　监督管理

第五十七条 负责特种设备安全监督管理的部门依照本法规定，对特种设备生产、经营、使用单位和检验、检测机构实施监督检查。

负责特种设备安全监督管理的部门应当对学校、幼儿园以及医院、车站、客运码头、商场、体育场馆、展览馆、公园等公众聚集场所的特种设备，实施重点安全监督检查。

第五十八条 负责特种设备安全监督管理的部门实施本法规定的许可工作，应当依照本法和其他有关法律、行政法规规定的条件和程序以及安全技术规范的要求进行审查；不符合规定的，不得许可。

第五十九条 负责特种设备安全监督管理的部门在办理本法规定的许可时，其受理、审查、许可的程序必须公开，并应当自受理申请之日起三十日内，作出许可或者不予许可的决定；不予许可的，应当书面向申请人说明理由。

第六十条 负责特种设备安全监督管理的部门对依法办理使用登记的特种设备应当建立完整的监督管理档案和信息查询系统；对达到报废条件的特种设备，应当及时督促特种设备使用单位依法履行报废义务。

第六十一条 负责特种设备安全监督管理的部门在依法履行监督检查职责时，可以行使下列职权：

（一）进入现场进行检查，向特种设备生产、经营、使用单位和检验、检测机构的主要负责人和其他有关人员调查、了解有关情况；

（二）根据举报或者取得的涉嫌违法证据，查阅、复制特种设备生产、经营、使用单位和检验、检测机构的有关合同、发票、账簿以及其他有关资料；

（三）对有证据表明不符合安全技术规范要求或者存在严重事故隐患的特种设备实施查封、扣押；

（四）对流入市场的达到报废条件或者已经报废的特种设备实施查封、扣押；

（五）对违反本法规定的行为作出行政处罚决定。

第六十二条 负责特种设备安全监督管理的部门在依法履行职责过程中，发现违反本法规定和安全技术规范要求的行为或者特种设备存在事故隐患时，应当以书面形式发出特种设备安全监察指令，责令有关单位及时采取措施予以改正或者消除事故隐患。紧急情况下要求有关单位采取紧急处置措施的，应当随后补发特种设备安全监察指令。

第六十三条 负责特种设备安全监督管理的部门在依法履行职责过程中，发现重大违法行为或者特种设备存在严重事故隐患时，应当责令有关单位立即停止违法行为、采取措施消除事故隐患，并及时向上级负责特种设备安全监督管理的部门报告。接到报告的负责特种设备安全监督管理的部门应当采取必要措施，及时予以处理。

对违法行为、严重事故隐患的处理需要当地人民政府和有关部门的支持、配合时，负责特种设备安全监督管理的部门应当报告当地人民政府，并通知其他有关部门。当地人民政府和其他有关部门应当采取必要措施，及时予以处理。

第六十四条 地方各级人民政府负责特种设备安全监督管理的部门不得要

求已经依照本法规定在其他地方取得许可的特种设备生产单位重复取得许可，不得要求对已经依照本法规定在其他地方检验合格的特种设备重复进行检验。

第六十五条 负责特种设备安全监督管理的部门的安全监察人员应当熟悉相关法律、法规，具有相应的专业知识和工作经验，取得特种设备安全行政执法证件。

特种设备安全监察人员应当忠于职守、坚持原则、秉公执法。

负责特种设备安全监督管理的部门实施安全监督检查时，应当有二名以上特种设备安全监察人员参加，并出示有效的特种设备安全行政执法证件。

第六十六条 负责特种设备安全监督管理的部门对特种设备生产、经营、使用单位和检验、检测机构实施监督检查，应当对每次监督检查的内容、发现的问题及处理情况作出记录，并由参加监督检查的特种设备安全监察人员和被检查单位的有关负责人签字后归档。被检查单位的有关负责人拒绝签字的，特种设备安全监察人员应当将情况记录在案。

第六十七条 负责特种设备安全监督管理的部门及其工作人员不得推荐或者监制、监销特种设备；对履行职责过程中知悉的商业秘密负有保密义务。

第六十八条 国务院负责特种设备安全监督管理的部门和省、自治区、直辖市人民政府负责特种设备安全监督管理的部门应当定期向社会公布特种设备安全总体状况。

第五章 事故应急救援与调查处理

第六十九条 国务院负责特种设备安全监督管理的部门应当依法组织制定特种设备重特大事故应急预案，报国务院批准后纳入国家突发事件应急预案体系。

县级以上地方各级人民政府及其负责特种设备安全监督管理的部门应当依法组织制定本行政区域内特种设备事故应急预案，建立或者纳入相应的应急处置与救援体系。

特种设备使用单位应当制定特种设备事故应急专项预案，并定期进行应急演练。

第七十条 特种设备发生事故后，事故发生单位应当按照应急预案采取措施，组织抢救，防止事故扩大，减少人员伤亡和财产损失，保护事故现场和有关证据，并及时向事故发生地县级以上人民政府负责特种设备安全监督管理的部门和有关部门报告。

县级以上人民政府负责特种设备安全监督管理的部门接到事故报告，应当尽快核实情况，立即向本级人民政府报告，并按照规定逐级上报。必要时，负责特种设备安全监督管理的部门可以越级上报事故情况。对特别重大事故、重大事故，国务院负责特种设备安全监督管理的部门应当立即报告国务院并通报国务院安全生产监督管理部门等有关部门。

与事故相关的单位和人员不得迟报、谎报或者瞒报事故情况，不得隐匿、毁灭有关证据或者故意破坏事故现场。

第七十一条　事故发生地人民政府接到事故报告，应当依法启动应急预案，采取应急处置措施，组织应急救援。

第七十二条　特种设备发生特别重大事故，由国务院或者国务院授权有关部门组织事故调查组进行调查。

发生重大事故，由国务院负责特种设备安全监督管理的部门会同有关部门组织事故调查组进行调查。

发生较大事故，由省、自治区、直辖市人民政府负责特种设备安全监督管理的部门会同有关部门组织事故调查组进行调查。

发生一般事故，由设区的市级人民政府负责特种设备安全监督管理的部门会同有关部门组织事故调查组进行调查。

事故调查组应当依法、独立、公正开展调查，提出事故调查报告。

第七十三条　组织事故调查的部门应当将事故调查报告报本级人民政府，并报上一级人民政府负责特种设备安全监督管理的部门备案。有关部门和单位应当依照法律、行政法规的规定，追究事故责任单位和人员的责任。

事故责任单位应当依法落实整改措施，预防同类事故发生。事故造成损害的，事故责任单位应当依法承担赔偿责任。

第六章　法律责任

第七十四条　违反本法规定，未经许可从事特种设备生产活动的，责令停止生产，没收违法制造的特种设备，处十万元以上五十万元以下罚款；有违法所得的，没收违法所得；已经实施安装、改造、修理的，责令恢复原状或者责令限期由取得许可的单位重新安装、改造、修理。

第七十五条 违反本法规定，特种设备的设计文件未经鉴定，擅自用于制造的，责令改正，没收违法制造的特种设备，处五万元以上五十万元以下罚款。

第七十六条 违反本法规定，未进行型式试验的，责令限期改正；逾期未改正的，处三万元以上三十万元以下罚款。

第七十七条 违反本法规定，特种设备出厂时，未按照安全技术规范的要求随附相关技术资料和文件的，责令限期改正；逾期未改正的，责令停止制造、销售，处二万元以上二十万元以下罚款；有违法所得的，没收违法所得。

第七十八条 违反本法规定，特种设备安装、改造、修理的施工单位在施工前未书面告知负责特种设备安全监督管理的部门即行施工的，或者在验收后三十日内未将相关技术资料和文件移交特种设备使用单位的，责令限期改正；逾期未改正的，处一万元以上十万元以下罚款。

第七十九条 违反本法规定，特种设备的制造、安装、改造、重大修理以及锅炉清洗过程，未经监督检验的，责令限期改正；逾期未改正的，处五万元以上二十万元以下罚款；有违法所得的，没收违法所得；情节严重的，吊销生产许可证。

第八十条 违反本法规定，电梯制造单位有下列情形之一的，责令限期改正；逾期未改正的，处一万元以上十万元以下罚款：

（一）未按照安全技术规范的要求对电梯进行校验、调试的；

（二）对电梯的安全运行情况进行跟踪调查和了解时，发现存在严重事故隐患，未及时告知电梯使用单位并向负责特种设备安全监督管理的部门报告的。

第八十一条 违反本法规定，特种设备生产单位有下列行为之一的，责令限期改正；逾期未改正的，责令停止生产，处五万元以上五十万元以下罚款；情节严重的，吊销生产许可证：

（一）不再具备生产条件、生产许可证已经过期或者超出许可范围生

产的;

（二）明知特种设备存在同一性缺陷，未立即停止生产并召回的。

违反本法规定，特种设备生产单位生产、销售、交付国家明令淘汰的特种设备的，责令停止生产、销售，没收违法生产、销售、交付的特种设备，处三万元以上三十万元以下罚款;有违法所得的，没收违法所得。

特种设备生产单位涂改、倒卖、出租、出借生产许可证的，责令停止生产，处五万元以上五十万元以下罚款;情节严重的，吊销生产许可证。

第八十二条 违反本法规定，特种设备经营单位有下列行为之一的，责令停止经营，没收违法经营的特种设备，处三万元以上三十万元以下罚款;有违法所得的，没收违法所得:

（一）销售、出租未取得许可生产，未经检验或者检验不合格的特种设备的;

（二）销售、出租国家明令淘汰、已经报废的特种设备，或者未按照安全技术规范的要求进行维护保养的特种设备的。

违反本法规定，特种设备销售单位未建立检查验收和销售记录制度，或者进口特种设备未履行提前告知义务的，责令改正，处一万元以上十万元以下罚款。

特种设备生产单位销售、交付未经检验或者检验不合格的特种设备的，依照本条第一款规定处罚;情节严重的，吊销生产许可证。

第八十三条 违反本法规定，特种设备使用单位有下列行为之一的，责令限期改正;逾期未改正的，责令停止使用有关特种设备，处一万元以上十万元以下罚款:

（一）使用特种设备未按照规定办理使用登记的;

（二）未建立特种设备安全技术档案或者安全技术档案不符合规定要求，或者未依法设置使用登记标志、定期检验标志的;

（三）未对其使用的特种设备进行经常性维护保养和定期自行检查，或者未对其使用的特种设备的安全附件、安全保护装置进行定期校验、检修，并作出记录的;

（四）未按照安全技术规范的要求及时申报并接受检验的;

民事法律文件解读

（五）未按照安全技术规范的要求进行锅炉水（介）质处理的；

（六）未制定特种设备事故应急专项预案的。

第八十四条 违反本法规定，特种设备使用单位有下列行为之一的，责令停止使用有关特种设备，处三万元以上三十万元以下罚款：

（一）使用未取得许可生产，未经检验或者检验不合格的特种设备，或者国家明令淘汰、已经报废的特种设备的；

（二）特种设备出现故障或者发生异常情况，未对其进行全面检查、消除事故隐患，继续使用的；

（三）特种设备存在严重事故隐患，无改造、修理价值，或者达到安全技术规范规定的其他报废条件，未依法履行报废义务，并办理使用登记证书注销手续的。

第八十五条 违反本法规定，移动式压力容器、气瓶充装单位有下列行为之一的，责令改正，处二万元以上二十万元以下罚款；情节严重的，吊销充装许可证：

（一）未按照规定实施充装前后的检查、记录制度的；

（二）对不符合安全技术规范要求的移动式压力容器和气瓶进行充装的。

违反本法规定，未经许可，擅自从事移动式压力容器或者气瓶充装活动的，予以取缔，没收违法充装的气瓶，处十万元以上五十万元以下罚款；有违法所得的，没收违法所得。

第八十六条 违反本法规定，特种设备生产、经营、使用单位有下列情形之一的，责令限期改正；逾期未改正的，责令停止使用有关特种设备或者停产停业整顿，处一万元以上五万元以下罚款：

（一）未配备具有相应资格的特种设备安全管理人员、检测人员和作业人员的；

（二）使用未取得相应资格的人员从事特种设备安全管理、检测和作业的；

（三）未对特种设备安全管理人员、检测人员和作业人员进行安全教育和技能培训的。

第八十七条 违反本法规定，电梯、客运索道、大型游乐设施的运营使用单位有下列情形之一的，责令限期改正；逾期未改正的，责令停止使用有关特种设备或者停产停业整顿，处二万元以上十万元以下罚款：

（一）未设置特种设备安全管理机构或者配备专职的特种设备安全管理人员的；

（二）客运索道、大型游乐设施每日投入使用前，未进行试运行和例行安全检查，未对安全附件和安全保护装置进行检查确认的；

（三）未将电梯、客运索道、大型游乐设施的安全使用说明、安全注意事项和警示标志置于易于为乘客注意的显著位置的。

第八十八条 违反本法规定，未经许可，擅自从事电梯维护保养的，责令停止违法行为，处一万元以上十万元以下罚款；有违法所得的，没收违法所得。

电梯的维护保养单位未按照本法规定以及安全技术规范的要求，进行电梯维护保养的，依照前款规定处罚。

第八十九条 发生特种设备事故，有下列情形之一的，对单位处五万元以上二十万元以下罚款；对主要负责人处一万元以上五万元以下罚款；主要负责人属于国家工作人员的，并依法给予处分：

（一）发生特种设备事故时，不立即组织抢救或者在事故调查处理期间擅离职守或者逃匿的；

（二）对特种设备事故迟报、谎报或者瞒报的。

第九十条 发生事故，对负有责任的单位除要求其依法承担相应的赔偿等责任外，依照下列规定处以罚款：

（一）发生一般事故，处十万元以上二十万元以下罚款；

（二）发生较大事故，处二十万元以上五十万元以下罚款；

（三）发生重大事故，处五十万元以上二百万元以下罚款。

第九十一条 对事故发生负有责任的单位的主要负责人未依法履行职责或者负有领导责任的，依照下列规定处以罚款；属于国家工作人员的，并依法给予处分：

（一）发生一般事故，处上一年年收入百分之三十的罚款；

（二）发生较大事故，处上一年年收入百分之四十的罚款；

（三）发生重大事故，处上一年年收入百分之六十的罚款。

第九十二条　违反本法规定，特种设备安全管理人员、检测人员和作业人员不履行岗位职责，违反操作规程和有关安全规章制度，造成事故的，吊销相关人员的资格。

第九十三条　违反本法规定，特种设备检验、检测机构及其检验、检测人员有下列行为之一的，责令改正，对机构处五万元以上二十万元以下罚款，对直接负责的主管人员和其他直接责任人员处五千元以上五万元以下罚款；情节严重的，吊销机构资质和有关人员的资格：

（一）未经核准或者超出核准范围、使用未取得相应资格的人员从事检验、检测的；

（二）未按照安全技术规范的要求进行检验、检测的；

（三）出具虚假的检验、检测结果和鉴定结论或者检验、检测结果和鉴定结论严重失实的；

（四）发现特种设备存在严重事故隐患，未及时告知相关单位，并立即向负责特种设备安全监督管理的部门报告的；

（五）泄露检验、检测过程中知悉的商业秘密的；

（六）从事有关特种设备的生产、经营活动的；

（七）推荐或者监制、监销特种设备的；

（八）利用检验工作故意刁难相关单位的。

违反本法规定，特种设备检验、检测机构的检验、检测人员同时在两个以上检验、检测机构中执业的，处五千元以上五万元以下罚款；情节严重的，吊销其资格。

第九十四条　违反本法规定，负责特种设备安全监督管理的部门及其工作人员有下列行为之一的，由上级机关责令改正；对直接负责的主管人员和其他直接责任人员，依法给予处分：

（一）未依照法律、行政法规规定的条件、程序实施许可的；

（二）发现未经许可擅自从事特种设备的生产、使用或者检验、检测活动不予取缔或者不依法予以处理的；

（三）发现特种设备生产单位不再具备本法规定的条件而不吊销其许可

证，或者发现特种设备生产、经营、使用违法行为不予查处的；

（四）发现特种设备检验、检测机构不再具备本法规定的条件而不撤销其核准，或者对其出具虚假的检验、检测结果和鉴定结论或者检验、检测结果和鉴定结论严重失实的行为不予查处的；

（五）发现违反本法规定和安全技术规范要求的行为或者特种设备存在事故隐患，不立即处理的；

（六）发现重大违法行为或者特种设备存在严重事故隐患，未及时向上级负责特种设备安全监督管理的部门报告，或者接到报告的负责特种设备安全监督管理的部门不立即处理的；

（七）要求已经依照本法规定在其他地方取得许可的特种设备生产单位重复取得许可，或者要求对已经依照本法规定在其他地方检验合格的特种设备重复进行检验的；

（八）推荐或者监制、监销特种设备的；

（九）泄露履行职责过程中知悉的商业秘密的；

（十）接到特种设备事故报告未立即向本级人民政府报告，并按照规定上报的；

（十一）迟报、漏报、谎报或者瞒报事故的；

（十二）妨碍事故救援或者事故调查处理的；

（十三）其他滥用职权、玩忽职守、徇私舞弊的行为。

第九十五条 违反本法规定，特种设备生产、经营、使用单位或者检验、检测机构拒不接受负责特种设备安全监督管理的部门依法实施的监督检查的，责令限期改正；逾期未改正的，责令停产停业整顿，处二万元以上二十万元以下罚款。

特种设备生产、经营、使用单位擅自动用、调换、转移、损毁被查封、扣押的特种设备或者其主要部件的，责令改正，处五万元以上二十万元以下罚款；情节严重的，吊销生产许可证，注销特种设备使用登记证书。

第九十六条 违反本法规定，被依法吊销许可证的，自吊销许可证之日起三年内，负责特种设备安全监督管理的部门不予受理其新的许可申请。

第九十七条 违反本法规定，造成人身、财产损害的，依法承担民事责任。

违反本法规定，应当承担民事赔偿责任和缴纳罚款、罚金，其财产不足以同时支付时，先承担民事赔偿责任。

第九十八条 违反本法规定，构成违反治安管理行为的，依法给予治安管理处罚；构成犯罪的，依法追究刑事责任。

第七章 附 则

第九十九条 特种设备行政许可、检验的收费，依照法律、行政法规的规定执行。

第一百条 军事装备、核设施、航空航天器使用的特种设备安全的监督管理不适用本法。

铁路机车、海上设施和船舶、矿山井下使用的特种设备以及民用机场专用设备安全的监督管理，房屋建筑工地、市政工程工地用起重机械和场（厂）内专用机动车辆的安装、使用的监督管理，由有关部门依照本法和其他有关法律的规定实施。

第一百零一条 本法自 2014 年 1 月 1 日起施行。

解读——

《中华人民共和国特种设备安全法》

全国人大常委会法工委副主任 阚 珂

2013 年 6 月 29 日，十二届全国人大常委会第三次会议审议并表决通过了《中华人民共和国特种设备安全法》。

最近，我国接连发生多起重特大安全生产事故，造成重大人员伤亡和财产损失。特种设备安全法的颁布，旨在预防特种设备事故，保障人身和

民事法律文件解读

财产安全，是全国人大常委会以人为本、立法为民的生动诠释。

时代之需　人民所期

特种设备听似陌生，但一提电梯、游乐设施，大家就熟悉了。特种设备包括锅炉、电梯、客运索道、大型游乐设施等八大类，通常在高压、高温、高空、高速条件下运行，若管理不善，易导致爆炸、坠落等生产和公共事故，严重危害人身和财产安全。

随着我国经济快速发展，特种设备数量迅猛增长。2012 年底，全国特种设备总数达 822 万台。以电梯为例，全国电梯数量由 2002 年 35 万台激增至 2012 年 245 万台。目前，我国电梯的生产、安装和保有量均居全球第一。

数量猛增的同时，特种设备安全形势更加复杂。仍以电梯为例，近年来我国电梯事故率和死亡人数逐年下降。但由于保有量激增，一些在用电梯老化严重，维护保养不及时不规范，电梯非正常停运、"困人"甚至"吞人"情况时有发生。

以人为本、立法为民，是我国立法工作始终坚持的一项根本原则。立法就是要解决实践中普遍存在的突出问题。本法是第一部对各类特种设备安全管理做统一、全面规范的法律。它的出台标志着我国特种设备安全工作向科学化、法制化方向迈进了一大步。

安全责任　企业为先

本法确立了"企业承担安全主体责任、政府履行安全监管职责和社会发挥监督作用"三位一体的特种设备安全工作新模式，进一步突出特种设备生产、经营、使用单位是安全责任主体。

生产环节，法律对特种设备的设计、制造、安装、改造、修理等活动规定了行政许可制度；经营环节，法律禁止销售、出租未取得许可生产、未经检验和检验不合格的特种设备或者国家明令淘汰和已经报废的特种设备；使用环节，法律要求所有特种设备必须向监管部门办理使用登记方可使用，使用单位要落实安全责任，对设备安全运行情况定期开展安全检查，进行经常性维护保养；一旦发现设备出现故障，应当立即停止运行，进行全面检查，消除事故隐患。

这些条文都是从特种设备安全事

故血的教训中总结出来的。以前事故发生后，有的责任不明确，由政府对事故损害"买单"。本法就是要通过强化企业主体责任，加大对违法行为的处罚力度，督促生产、经营、使用单位及其负责人树立安全意识，切实承担保障特种设备安全的责任。

细化条款　强化执行

本届全国人大常委会提出要进一步提高立法质量，切实增强法律的可执行性。这部法律从一审时的 65 条增至现在的 101 条，补充细化了不少针对性强的条款。

近来连续发生的多起电梯安全事故表明，维护保养是重要环节。据了解，2013 年 5 月深圳罗湖某大厦电梯事故是由于维护保养人员违规使用液体润滑油对制动器进行润滑，导致电梯制动能力降低。针对类似问题，法律明确要求电梯维护保养必须由有资质的单位承担，承担维护保养的作业人员必须经过专业培训、取得作业人员资格；维护保养过程应当严格执行安全技术规范要求，并落实现场防护措施，保证施工安全。

又如，针对住宅小区电梯安全管理问题，法律作了专门规定，如果业主委托物业服务单位管理小区的电梯，物业服务单位应当依法履行安全管理义务。一旦发生事故，物业服务单位如果没有尽到安全管理义务，应当承担相应的责任。

政府监管　社会监督

政府部门对特种设备的监管，不应是"保姆式"越俎代庖包揽企业责任，而应是"警察式"的监管，依法督促产、销、用单位和检验、检测机构落实法律规定的各项义务和要求，一旦发现违法行为，坚决予以查处。

法律规定，负责特种设备安全监督管理的部门应当对学校、幼儿园以及车站码头、商场公园等公众聚集场所的特种设备实施重点安全监督检查。

充分发挥社会监督作用，要保障公众的知情权。法律规定，特种设备监管部门应当定期向社会公布特种设备安全状况。同时，要求监管部门对依法办理使用登记的特种设备建立完整的监督管理档案和信息查询系统，便于公众查询。

爱惜生命　从己做起

每个人的生命只有一次，每条生命的陨落都会给家庭带来巨大损失和痛苦。

使用电梯时、在游乐园玩耍时，要注意安全提示并听从工作人员的管理指挥；儿童乘坐扶梯，要有成年人陪同看护；饭馆、家庭使用液化石油气钢瓶，要来源于正规渠道……徒法不足以自行。全国人大常委会的立法坚持以人为本，把保障人民生命财产安全放在第一位。然而法律的有效实施需要全社会共同努力，需要每个人自觉增强安全意识。

全国人民代表大会常务委员会
关于修改《中华人民共和国文物保护法》等十二部法律的决定

（2013 年 6 月 29 日第十二届全国人民代表大会常务委员会第三次

会议通过　2013 年 6 月 29 日中华人民共和国主席令

第五号公布　自公布之日起施行）

第十二届全国人民代表大会常务委员会第三次会议决定：

一、对《中华人民共和国文物保护法》作出修改

（一）将第二十五条第二款修改为："非国有不可移动文物转让、抵押或者改变用途的，应当根据其级别报相应的文物行政部门备案。"

（二）将第五十六条第二款修改为："拍卖企业拍卖的文物，在拍卖前应当经省、自治区、直辖市人民政府文物行政部门审核，并报国务院文物行政部门备案。"

民事法律文件解读

二、对《中华人民共和国草原法》作出修改

（一）将第五十五条修改为："除抢险救灾和牧民搬迁的机动车辆外，禁止机动车辆离开道路在草原上行驶，破坏草原植被；因从事地质勘探、科学考察等活动确需离开道路在草原上行驶的，应当事先向所在地县级人民政府草原行政主管部门报告行驶区域和行驶路线，并按照报告的行驶区域和行驶路线在草原上行驶。"

（二）将第七十条修改为："非抢险救灾和牧民搬迁的机动车辆离开道路在草原上行驶，或者从事地质勘探、科学考察等活动，未事先向所在地县级人民政府草原行政主管部门报告或者未按照报告的行驶区域和行驶路线在草原上行驶，破坏草原植被的，由县级人民政府草原行政主管部门责令停止违法行为，限期恢复植被，可以并处草原被破坏前三年平均产值三倍以上九倍以下的罚款；给草原所有者或者使用者造成损失的，依法承担赔偿责任。"

三、对《中华人民共和国海关法》作出修改

将第二十八条第二款修改为："海关在特殊情况下对进出口货物予以免验，具体办法由海关总署制定。"

四、对《中华人民共和国进出口商品检验法》作出修改

将第二十一条修改为："为进出口货物的收发货人办理报检手续的代理人办理报检手续时应当向商检机构提交授权委托书。"

五、对《中华人民共和国税收征收管理法》作出修改

将第十五条第一款修改为："企业，企业在外地设立的分支机构和从事生产、经营的场所，个体工商户和从事生产、经营的事业单位（以下统称从事生产、经营的纳税人）自领取营业执照之日起三十日内，持有关证件，向税务机关申报办理税务登记。税务机关应当于收到申报的当日办理登记并发给税务登记证件。"

六、对《中华人民共和国固体废物污染环境防治法》作出修改

将第四十四条第二款修改为："禁止擅自关闭、闲置或者拆除生活垃圾处置的设施、场所；确有必要关闭、闲置或者拆除的，必须经所在地的市、县人民政府环境卫生行政主管部门和环境保护行政主管部门核准，并采取措施，防止污染环境。"

七、对《中华人民共和国煤炭法》作出修改

（一）将第二十二条修改为："煤矿投入生产前，煤矿企业应当依照有关安全生产的法律、行政法规的规定取得安全生产许可证。未取得安全生产许可证的，不得从事煤炭生产。"

（二）删去第二十三条、第二十四条、第二十五条、第二十六条、第二十七条、第四十六条、第四十七条、第四十八条、第六十七条、第六十八条。

（三）将第六十九条改为第五十九条，并将"吊销其煤炭生产许可证"修改为"责令停止生产"。

（四）将第七十条改为第六十条，并删去"吊销其煤炭生产许可证"。

（五）删去第七十一条。

（六）将第七十二条改为第六十一条，并删去"可以依法吊销煤炭生产许可证或者取消煤炭经营资格"。

（七）删去第七十七条。

煤炭法的有关条文序号根据本决定作相应调整。

八、对《中华人民共和国动物防疫法》作出修改

将第五十四条第一款修改为："国家实行执业兽医资格考试制度。具有兽医相关专业大学专科以上学历的，可以申请参加执业兽医资格考试；考试合格的，由省、自治区、直辖市人民政府兽医主管部门颁发执业兽医资格证书；从事动物诊疗的，还应当向当地县级人民政府兽医主管部门申请注册。执业兽医资格考试和注册办法由国务院兽医主管部门商国务院人事行政部门制定。"

九、对《中华人民共和国证券法》作出修改

将第一百二十九条第一款修改为："证券公司设立、收购或者撤销分支机构，变更业务范围，增加注册资本且股权结构发生重大调整，减少注册资本，变更持有百分之五以上股权的股东、实际控制人，变更公司章程中的重要条款，合并、分立、停业、解散、破产，必须经国务院证券监督管理机构批准。"

十、对《中华人民共和国种子法》作出修改

删去第四十五条第三项。

增加一款,作为第二款:"农作物种子检验员应当经省级以上人民政府农业行政主管部门考核合格;林木种子检验员应当经省、自治区、直辖市人民政府林业行政主管部门考核合格。"

十一、对《中华人民共和国民办教育促进法》作出修改

将第二十三条修改为:"民办学校参照同级同类公办学校校长任职的条件聘任校长,年龄可以适当放宽。"

十二、对《中华人民共和国传染病防治法》作出修改

(一)将第三条第五款修改为:"国务院卫生行政部门根据传染病暴发、流行情况和危害程度,可以决定增加、减少或者调整乙类、丙类传染病病种并予以公布。"

(二)第四条增加一款,作为第二款:"需要解除依照前款规定采取的甲类传染病预防、控制措施的,由国务院卫生行政部门报经国务院批准后予以公布。"

本决定自公布之日起施行。

《中华人民共和国文物保护法》、《中华人民共和国草原法》、《中华人民共和国海关法》、《中华人民共和国进出口商品检验法》、《中华人民共和国税收征收管理法》、《中华人民共和国固体废物污染环境防治法》、《中华人民共和国煤炭法》、《中华人民共和国动物防疫法》、《中华人民共和国证券法》、《中华人民共和国种子法》、《中华人民共和国民办教育促进法》、《中华人民共和国传染病防治法》根据本决定作相应修改,重新公布。

[司法解释、司法解释性文件与解读]

最高人民法院

关于依据国际公约和双边司法协助条约办理民商事案件司法文书送达和调查取证司法协助请求的规定

法释〔2013〕11 号

(2013 年 1 月 21 日最高人民法院审判委员会第 1568 次会议通过

2013 年 4 月 7 日公布　自 2013 年 5 月 2 日起施行)

　　为正确适用有关国际公约和双边司法协助条约，依法办理民商事案件司法文书送达和调查取证请求，根据《中华人民共和国民事诉讼法》《关于向国外送达民事或商事司法文书和司法外文书的公约》(海牙送达公约)、《关于从国外调取民事或商事证据的公约》(海牙取证公约)和双边民事司法协助条约的规定，结合我国的司法实践，制定本规定。

　　第一条　人民法院应当根据便捷、高效的原则确定依据海牙送达公约、海牙取证公约，或者双边民事司法协助条约，对外提出民商事案件司法文书送达和调查取证请求。

　　第二条　人民法院协助外国办理民商事案件司法文书送达和调查取证请求，适用对等原则。

　　第三条　人民法院协助外国办理民商事案件司法文书送达和调查取证请求，应当进行审查。外国提出的司法协助请求，具有海牙送达公约、海牙取证

民事法律文件解读

公约或双边民事司法协助条约规定的拒绝提供协助的情形的，人民法院应当拒绝提供协助。

第四条 人民法院协助外国办理民商事案件司法文书送达和调查取证请求，应当按照民事诉讼法和相关司法解释规定的方式办理。

请求方要求按照请求书中列明的特殊方式办理的，如果该方式与我国法律不相抵触，且在实践中不存在无法办理或者办理困难的情形，应当按照该特殊方式办理。

第五条 人民法院委托外国送达民商事案件司法文书和进行民商事案件调查取证，需要提供译文的，应当委托中华人民共和国领域内的翻译机构进行翻译。

译文应当附有确认译文与原文一致的翻译证明。翻译证明应当有翻译机构的印章和翻译人的签名。译文不得加盖人民法院印章。

第六条 最高人民法院统一管理全国各级人民法院的国际司法协助工作。高级人民法院应当确定一个部门统一管理本辖区各级人民法院的国际司法协助工作并指定专人负责。中级人民法院、基层人民法院和有权受理涉外案件的专门法院，应当指定专人管理国际司法协助工作；有条件的，可以同时确定一个部门管理国际司法协助工作。

第七条 人民法院应当建立独立的国际司法协助登记制度。

第八条 人民法院应当建立国际司法协助档案制度。办理民商事案件司法文书送达的送达回证、送达证明在各个转递环节应当以适当方式保存。办理民商事案件调查取证的材料应当作为档案保存。

第九条 经最高人民法院授权的高级人民法院，可以依据海牙送达公约、海牙取证公约直接对外发出本辖区各级人民法院提出的民商事案件司法文书送达和调查取证请求。

第十条 通过外交途径办理民商事案件司法文书送达和调查取证，不适用本规定。

第十一条 最高人民法院国际司法协助统一管理部门根据本规定制定实施细则。

第十二条 最高人民法院以前所作的司法解释及规范性文件，凡与本规定不一致的，按本规定办理。

解读——

《最高人民法院关于依据国际公约和双边司法协助条约办理民商事案件司法文书送达和调查取证司法协助请求的规定》

最高人民法院外事局负责人

最高人民法院法释〔2013〕11号《关于依据国际公约和双边司法协助条约办理民商事案件司法文书送达和调查取证司法协助请求的规定》已经最高人民法院审判委员会第1568次会议讨论通过，并于2013年5月2日起施行。

一、制定该司法解释的背景和目的

自1987年我国与法国谈判缔结我国首个民商事司法协助协定以来，我国已与60余个国家签署了100余项双边司法协助条约和引渡条约，其中有40余项双边司法协助条约含有民商事案件司法文书送达和民商事案件调查取证的司法协助内容。1991年和1997年，我国先后加入了《关于向国外送达民事或商事司法文书和司法外文书公约》（海牙送达公约）和《关于从国外调取民事或商事证据的公约》（海牙取证公约）。到目前为止，我国已经可以与67个国家和地区依据海牙送达公约相互委托送达民商事案件司法文书，与42个国家和地区依据海牙取证公约相互委托进行民商事案件调查取证合作。对于与我国尚未建立国际公约和双边司法协助条约关系的国家，我国也可以与其在互惠基础上通过外交途径相互委托送达民商事案件司法文书和进行民商事案件调查取证合作。据统计，我国法院和外国法院相互委托送达民商事案件司法文书的数量，已从最初的每年不足十件上升到每年三千余件，调查取证也已达到每年数十件。案件类型也由简单的经济纠纷、婚姻家庭纠纷扩展到知识产权纠纷、股权纠纷等多领域的纠纷。

民事法律文件解读

为了正确实施海牙送达公约、海牙取证公约和双边司法协助条约，最高人民法院会同外交部、司法部先后会签了《关于执行有关程序的通知》《关于执行海牙送达公约的实施办法》，最高人民法院制定了《关于执行中外司法协助协定的通知》《关于指定北京市、上海市、广东省、浙江省、江苏省高级人民法院依据海牙送达公约和海牙取证公约直接向外国中央机关提出和转递司法协助请求和相关材料的通知》《关于就外国执行民商事文书送达收费事项的通知》《关于我国法院委托新加坡法院协助送达民事司法文书付费事项的通知》等一系列规范性文件。这些文件，主要规定了司法文书在人民法院内、外部的转递程序，很少涉及人民法院内部的审查机制和管理机制。在国际司法协助案件数量急剧增加、案件类型日益复杂、人民法院的审判职能与司法行政机关的事务性功能日渐明确的情况下，原有的规范性文件已经不能完全满足人民法院履行国际司法协助职能的需要，有必要制定人民法院内部的国际司法协助工作规范，以加强和改善人民法院国际司法协助工作，充分履行《中华人民共和国民事诉讼法》中所规定的人民法院在国际民事司法协助工作中的任务和职能，更好地为审判工作服务。

二、司法解释适用范围

民事诉讼法第二百七十六条第一款规定，根据中华人民共和国缔结或者参加的国际条约，或者按照互惠原则，人民法院和外国法院可以相互请求，代为送达文书、调查取证以及进行其他诉讼行为。这一规定表明，人民法院和外国法院可以通过两条途径开展民商事司法协助：一是国际条约途径，二是外交途径。本规定序言指出，为正确适用有关国际公约和双边司法协助条约，依法办理民商事案件司法文书送达和调查取证请求，根据《中华人民共和国民事诉讼法》、海牙送达公约、海牙取证公约和双边民事司法协助条约的规定，结合我国的司法实践，制订本规定。据此，本规定适用于我国法院与外国法院或者其他主管机构依据海牙送达公约、海牙取证公约和双边民事司法协助条约相互委托办理民商事案件司法文书送达和民商事案件调查取证请求。这里的双边民事司法协助条约，包括双边民事、民商事、民刑事和民商刑事司法协助条约、协定。对于与我国尚未建立国际公约和双边司法协助条约关系的国家，我国也可以与其在互惠基础上通过外交途径相互委托送达民商事案件司法文书和进行民商事案件调查取证合作。通过外交途径办理民商事案件司法协助请求的要求，与通过海牙送达公约、海牙取证公约和双边民事司法协助条约办理民商事案件司法协助请求的要求不尽一致。通过外交途径办理民商事案件司法文书送达和调查取证，不适用本规定。

三、司法解释的特色

本司法解释具有以下特色：一是明确了人民法院提出、办理民商事案件司法文书送达、调查取证国际司法协助请求时应当遵循的原则，包括便捷高效原则、对等原则、依法审查原则等；二是明确了人民法院国际司法协助工作的管理机制，即统一管理和专人负责相结合的管理机制；三是明确了人民法院国际司法协助工作的制度建设，包括登记制度和档案制度。

四、制定人民法院向外国提出民商事案件司法文书送达和调查取证请求途径新规定的原因

《最高人民法院关于涉外民事或商事案件司法文书送达问题若干规定》第六条第二款规定，受送达人所在国与中华人民共和国签订有司法协助协定，且为海牙送达公约成员国

的，人民法院依照司法协助协定的规定办理。这一规定在执行中产生了一些问题，主要体现在：（1）目前海牙送达公约、海牙取证公约成员国中与我国签订双边民事司法协助条约的国家越来越多，大部分国家都主张国际公约与双边条约具有同等效力。（2）2003年起，最高人民法院指定五个高级法院可以依据海牙送达公约和海牙取证公约直接对外发出司法协助请求，目的是简化程序，提高效率。如果坚持双边条约优先适用，将削弱简化程序、提高效率的作用。考虑到以上因素，本司法解释第一条规定，人民法院应当根据便捷、高效的原则确定依据海牙送达公约、海牙取证公约，或者双边民事司法协助条约，对外提出民商事案件司法文书送达和调查取证请求。所谓便捷、高效，是指便利、快捷，有助于提高效率。

五、司法解释强调各级人民法院对司法协助请求审查责任的理由

民事诉讼法第二百七十六条第二款规定，外国法院请求协助的事项有损于中华人民共和国的主权、安全或者社会公共利益的，人民法院不予执行。对于来自国外的民商事案件司法文书送达和调查取证请求，最高人民

法院和地方各级人民法院在办理外国请求协助的事项时，均应负有审查责任，目的是通过广泛而严格的审查机制，确保国家的主权和安全不受损害。为此，本司法解释第三条规定，人民法院协助外国办理民商事案件司法文书送达和调查取证请求，应当进行审查。外国提出的司法协助请求，具有海牙送达公约、海牙取证公约和双边民事司法协助条约规定的拒绝提供协助的情形的，人民法院应当拒绝提供协助。根据本条规定，最高人民法院以及经手办理某一具体司法协助请求的法院，均对该司法协助请求负有审查责任。

六、人民法院国际司法协助工作管理机制的内容和意义

管理机制概括起来就是一句话，统一管理和专人负责相结合。具体包括三层含义，规定在司法解释第六条之中：（1）最高人民法院统一管理全国各级人民法院的国际司法协助工作。（2）高级人民法院应当确定一个部门统一管理本辖区各级人民法院的国际司法协助工作并指定专人负责。（3）中级人民法院、基层人民法院和有权受理涉外案件的专门法院，应当指定专人管理国际司法协助工作；有条件的，可以同时确定一个

部门管理国际司法协助工作。专门机构和专人在管理国际司法协助工作中的具体职能，将在本司法解释的实施细则中作出明确规定。

在实施海牙送达公约、海牙取证公约和双边司法协助条约过程中，经过多年的摸索和实践，我们认为统一管理和规范化管理，是保证国际司法协助工作兼顾质量与效率顺利实施的必备条件。其中，统一管理是规范化管理的前提条件。为此，最高人民法院外事局早在 1996 年就在全国司法协助工作座谈会上提出，各高级人民法院根据各自的实际情况，对国际司法协助工作应当明确一个机构统一管理。经过多年的努力，绝大多数高级法院实现了归口统一管理，部分高级法院还在中、基层法院建立了统一管理机制和司法协助专办员制度。实践表明，统一管理机制健全的高级法院，在国际司法协助工作的制度建设、调研能力、业务培训、工作质量和工作效率方面，都走在全国法院的前列。因此，我们在总结全国法院统一管理经验的基础上，将这一成功经验以司法解释的形式固定下来。

七、司法解释关于国际司法协助制度建设的规定

除了建立人民法院国际司法协助工作管理机制外，本司法解释在国际司法协助制度建设上主要规定了登记制度和档案制度。这两项制度的规定，也是在对人民法院国际司法协助工作多年工作经验进行总结的基础上形成的。人民法院开展国际民事司法协助工作二十余年来，经历了司法协助领域越来越宽、司法协助工作越来越复杂、对从事国际司法协助工作同志的业务水平要求越来越高、司法协助数量逐年显著增加的过程。为适应形势的变化，在最高人民法院外事局的统一指导下，各级人民法院充分发挥能动作用，探索了许多保证和提高司法协助工作的质量和效率的做法。统一的登记制度和档案制度是这些成熟和成功的经验的典型代表。将这些成熟和成功的经验纳入本司法解释，目的是进一步完善和规范人民法院国际司法协助工作的制度建设，指导人民法院未来的国际司法协助工作。

八、司法解释实施细则的主要内容

根据本司法解释第十一条的规定，最高人民法院外事局作为全国法院国际司法协助工作的统一管理部门，将制定本司法解释的实施细则。目前制定的实施细则是试行性质，将从"我国法院委托外国协助送达民商事案件司法文书""外国委托我国法院协助送达民商事案件司法文书""我国法院委托外国法院协助进行民商事案件调查取证""外国法院委托我国法院协助进行民商事案件调查取证"四个方面全面细化各类司法协助请求在各个环节的审查标准和办理要求，并将对便捷高效原则、对等原则的适用，国际司法协助统一管理部门和专门负责国际司法协助工作的人员的职责范围，档案保存等问题作出具体规定。

最高人民法院
关于修改《最高人民法院关于审理
专利纠纷案件适用法律问题的
若干规定》的决定

法释〔2013〕9 号

(2013 年 2 月 25 日最高人民法院审判委员会第 1570 次会议通过
2013 年 4 月 1 日最高人民法院公告公布　自 2013 年 4 月 15 日起施行)

根据最高人民法院审判委员会第 1570 次会议决定，对《最高人民法院关于审理专利纠纷案件适用法律问题的若干规定》作如下修改：

第二条规定增加一款："最高人民法院根据实际情况，可以指定基层人民法院管辖第一审专利纠纷案件。"

《最高人民法院、最高人民检察院关于办理危害食品安全刑事案件适用法律若干问题的解释》已于 2013 年 4 月 28 日由最高人民法院审判委员会第 1576 次会议、2013 年 4 月 28 日由最高人民检察院第十二届检察委员会第 5 次会议通过，现予公布，自 2013 年 5 月 4 日起施行。

最高人民法院
关于海事法院可否适用
小额诉讼程序问题的批复

法释〔2013〕16号

(2013年5月27日最高人民法院审判委员会第1579次会议通过
2013年6月19日最高人民法院公告公布 自2013年6月26日起施行)

上海市高级人民法院：

你院《关于海事法院适用小额诉讼程序的请示》（沪高法〔2013〕5号）收悉。经研究，批复如下：

2012年修订的《中华人民共和国民事诉讼法》简易程序一章规定了小额诉讼程序，《中华人民共和国海事诉讼特别程序法》第九十八条规定海事法院可以适用简易程序。因此，海事法院可以适用小额诉讼程序审理简单的海事、海商案件。

适用小额诉讼程序的标的额应以实际受理案件的海事法院或其派出法庭所在的省、自治区、直辖市上年度就业人员年平均工资百分之三十为限。

[部门规章、部门规章性文件与解读]

民 政 部

养老机构管理办法

(2013 年 6 月 27 日民政部部务会议通过　2013 年 6 月 28 日
中华人民共和国民政部令第 49 号公布　自 2013 年 7 月 1 日起施行)

第一章　总　则

第一条　为了规范对养老机构的管理，促进养老事业健康发展，根据《中华人民共和国老年人权益保障法》和有关法律、行政法规，制定本办法。

第二条　本办法所称养老机构是指依照《养老机构设立许可办法》设立并依法办理登记的为老年人提供集中居住和照料服务的机构。

第三条　国务院民政部门负责全国养老机构的指导、监督和管理，县级以上地方人民政府民政部门负责本行政区域内养老机构的指导、监督和管理。其他有关部门依照职责分工对养老机构实施监督。

第四条　养老机构应当依法保障收住老年人的合法权益。

入住养老机构的老年人应当遵守养老机构的规章制度。

第五条　县级以上地方人民政府民政部门应当根据本级人民政府经济社会发展规划和相关规划，会同有关部门编制养老机构建设规划，并组织实施。

第六条　政府投资兴办的养老机构，应当优先保障孤老优抚对象和经济困难的孤寡、失能、高龄等老年人的服务需求。

第七条　民政部门应当会同有关部门采取措施，鼓励、支持企业事业单位、社会组织或者个人兴办、运营养老机构。

鼓励公民、法人或者其他组织为养老机构提供捐赠和志愿服务。

第八条　民政部门对在养老机构服务和管理工作中做出显著成绩的单位和个人，依照国家有关规定给予表彰和奖励。

第二章　服务内容

第九条　养老机构按照服务协议为收住的老年人提供生活照料、康复护理、精神慰藉、文化娱乐等服务。

第十条　养老机构提供的服务应当符合养老机构基本规范等有关国家标准或者行业标准和规范。

第十一条　养老机构为老年人提供服务，应当与接受服务的老年人或者其代理人签订服务协议。

服务协议应当载明下列事项：

（一）养老机构的名称、住所、法定代表人或者主要负责人、联系方式；

（二）老年人及其代理人和老年人指定的经常联系人的姓名、住址、身份证明、联系方式；

（三）服务内容和服务方式；

（四）收费标准以及费用支付方式；

（五）服务期限和地点；

（六）当事人的权利和义务；

（七）协议变更、解除与终止的条件；

（八）违约责任；

（九）意外伤害责任认定和争议解决方式；

（十）当事人协商一致的其他内容。

服务协议示范文本由国务院民政部门另行制定。

第十二条　养老机构应当提供满足老年人日常生活需求的吃饭、穿衣、如厕、洗澡、室内外活动等服务。

养老机构应当提供符合老年人居住条件的住房，并配备适合老年人安全保护要求的设施、设备及用具，定期对老年人活动场所和物品进行消毒和清洗。

养老机构提供的饮食应当符合卫生要求、有利于老年人营养平衡、符合民族风俗习惯。

第十三条 养老机构应当建立入院评估制度，做好老年人健康状况评估，并根据服务协议和老年人的生活自理能力，实施分级分类服务。

养老机构应当为老年人建立健康档案，组织定期体检，做好疾病预防工作。

养老机构可以通过设立医疗机构或者采取与周边医疗机构合作的方式，为老年人提供医疗服务。养老机构设立医疗机构的，应当依法取得医疗机构执业许可证，按照医疗机构管理相关法律法规进行管理。

第十四条 养老机构在老年人突发危重疾病时，应当及时通知代理人或者经常联系人并转送医疗机构救治；发现老年人为疑似传染病病人或者精神障碍患者时，应当依照传染病防治、精神卫生等相关法律法规的规定处理。

第十五条 养老机构应当根据需要为老年人提供情绪疏导、心理咨询、危机干预等精神慰藉服务。

第十六条 养老机构应当开展适合老年人的文化、体育、娱乐活动，丰富老年人的精神文化生活。

养老机构开展文化、体育、娱乐活动时，应当为老年人提供必要的安全防护措施。

第三章　内部管理

第十七条 养老机构应当按照国家有关规定建立健全安全、消防、卫生、财务、档案管理等规章制度，制定服务标准和工作流程，并予以公开。

第十八条 养老机构应当配备与服务和运营相适应的工作人员，并依法与其签订聘用合同或者劳动合同。

养老机构中从事医疗、康复、社会工作等服务的专业技术人员，应当持有关部门颁发的专业技术等级证书上岗；养老护理人员应当接受专业技能培训，经考核合格后持证上岗。

养老机构应当定期组织工作人员进行职业道德教育和业务培训。

第十九条 养老机构应当依照其登记类型、经营性质、设施设备条件、管理水平、服务质量、护理等级等因素确定服务项目的收费标准。

养老机构应当在醒目位置公示各类服务项目收费标准和收费依据，并遵守国家和地方政府价格管理有关规定。

第二十条 养老机构应当按照国家有关规定接受、使用捐赠物资，接受志愿服务。

第二十一条 养老机构应当实行 24 小时值班，做好老年人安全保障工作。

第二十二条 养老机构应当依法履行消防安全职责，健全消防安全管理制度，实行消防工作责任制，配置、维护消防设施、器材，开展日常防火检查，定期组织灭火和应急疏散消防安全培训。

第二十三条 养老机构应当制定突发事件应急预案。

突发事件发生后，养老机构应当立即启动应急处理程序，根据突发事件应对管理职责分工向有关部门报告，并将应急处理结果报实施许可的民政部门和住所地民政部门。

第二十四条 鼓励养老机构投保责任保险，降低机构运营风险。

第二十五条 养老机构应当建立老年人信息档案，妥善保存相关原始资料。

养老机构应当保护老年人的个人信息。

第二十六条 养老机构应当经常听取老年人的意见和建议，发挥老年人对养老机构服务和管理的监督促进作用。

第二十七条 养老机构因变更或者终止等原因暂停、终止服务的，应当于暂停或者终止服务 60 日前，向实施许可的民政部门提交老年人安置方案，方案中应当明确收住老年人的数量、安置计划及实施日期等事项，经批准后方可实施。

民政部门应当自接到安置方案之日起 20 日内完成审核工作。

民政部门应当督促养老机构实施安置方案，并及时为其妥善安置老年人提供帮助。

第四章　监督检查

第二十八条　民政部门应当按照实施许可权限，通过书面检查或者实地查验等方式对养老机构进行监督检查，并向社会公布检查结果。上级民政部门可以委托下级民政部门进行监督检查。

养老机构应当于每年 3 月 31 日之前向实施许可的民政部门提交上一年度的工作报告。年度工作报告内容包括服务范围、服务质量、运营管理等情况。

第二十九条　民政部门应当建立养老机构评估制度，定期对养老机构的人员、设施、服务、管理、信誉等情况进行综合评价。

养老机构评估工作可以委托第三方实施，评估结果应当向社会公布。

第三十条　民政部门应当定期开展养老服务行业统计工作，养老机构应当及时准确报送相关信息。

第三十一条　民政部门应当建立对养老机构管理的举报和投诉制度。

民政部门接到举报、投诉后，应当及时核实、处理。

第三十二条　上级民政部门应当加强对下级民政部门的指导和监督，及时纠正养老机构管理中的违规违法行为。

第五章　法律责任

第三十三条　养老机构有下列行为之一的，由实施许可的民政部门责令改正；情节严重的，处以 3 万元以下的罚款；构成犯罪的，依法追究刑事责任：

（一）未与老年人或者其代理人签订服务协议，或者协议不符合规定的；

（二）未按照国家有关标准和规定开展服务的；

（三）配备人员的资格不符合规定的；

（四）向负责监督检查的民政部门隐瞒有关情况、提供虚假材料或者拒绝提供反映其活动情况真实材料的；

（五）利用养老机构的房屋、场地、设施开展与养老服务宗旨无关的活动的；

（六）歧视、侮辱、虐待或遗弃老年人以及其他侵犯老年人合法权益行为的；

（七）擅自暂停或者终止服务的；

（八）法律、法规、规章规定的其他违法行为。

第三十四条 民政部门及其工作人员违反本办法有关规定，由上级行政机关责令改正；情节严重的，对直接负责的主管人员和其他责任人员依法给予行政处分；构成犯罪的，依法追究刑事责任。

第六章 附 则

第三十五条 国家对光荣院、农村五保供养服务机构等养老机构的管理有特别规定的，依照其规定办理。

第三十六条 本办法自 2013 年 7 月 1 日起施行。

[地方性法规、地方政府规章与解读]

辽宁省职工劳动权益保障条例

(2013 年 5 月 30 日辽宁省第十二届人民代表大会常务委员会第二次会议通过

2013 年 5 月 30 日辽宁省人民代表大会常务委员会（第一号）

公告公布　自 2013 年 8 月 1 日起施行)

第一章　总　　则

第一条　为了保障职工的合法权益，构建和维护和谐稳定的劳动关系，根据《中华人民共和国劳动法》、《中华人民共和国劳动合同法》、《中华人民共和国工会法》等有关法律、法规，结合本省实际，制定本条例。

第二条　本省行政区域内与企业、个体经济组织、民办非企业单位、国家机关、事业单位和社会团体等组织（以下统称用人单位）建立劳动关系的职工的劳动权益保障，适用本条例。

本条例所称职工劳动权益，是指职工与用人单位在劳动关系建立、存续、解除或者终止过程中，职工依法享有的权益。

第三条　职工依法享有平等就业和选择职业、取得劳动报酬、休息休假、获得劳动安全卫生保护、接受职业技能培训、享受社会保险和福利的权利；享有依法提请劳动争议处理的权利以及法律、法规规定的其他劳动权利。

第四条　职工劳动权益受法律保护，任何组织和个人不得侵犯。

职工应当遵守法律法规和职业道德，执行劳动安全卫生规程，履行劳动合同约定，遵守用人单位制定的规章制度，努力完成生产任务和工作任务。

第五条　县级以上人民政府应当加强对职工劳动权益保障工作的领导。

县级以上人民政府人力资源和社会保障主管部门负责职工劳动权益保障工作。

工业与信息化、建设、卫生、国有资产监督管理、工商、安全生产监督管理等有关主管部门应当根据各自的职责依法保障职工劳动权益。

第六条　县级以上人民政府人力资源和社会保障主管部门，应当会同同级工会和企业方面代表，建立健全协调劳动关系三方机制。

第七条　工会依法维护职工合法权益，对职工劳动权益保障工作依法进行监督。

对用人单位侵犯职工劳动权益或者不履行保障职工劳动权益职责的，工会有权依法要求纠正；职工申请调解、申请仲裁、提起诉讼的，工会应当依法给予支持和帮助。

第八条　用人单位应当依法保障职工劳动权益。任何组织和个人对侵犯职工劳动权益的行为，有检举和控告的权利。

第二章　劳动权益保障

第九条　用人单位自用工之日起即与职工建立劳动关系。

建立劳动关系，应当订立书面劳动合同。已建立劳动关系，未同时订立书面劳动合同的，应当自用工之日起一个月内订立书面劳动合同。

用人单位与职工订立劳动合同，应当使用人力资源和社会保障主管部门制定的劳动合同文本，或者用人单位依法自行制定、经人力资源和社会保障主管部门备案的劳动合同文本。

用人单位与职工订立书面劳动合同后，劳动合同文本由用人单位和职工各执一份。

第十条　用人单位与职工订立劳动合同，应当自订立劳动合同之日起三十日内到人力资源和社会保障主管部门备案；用人单位与职工解除或者终止劳动合同，应当自解除或者终止劳动合同之日起十五日内到人力资源和社会保障主管部门备案。

第十一条 用人单位应当为职工建立劳动档案，如实记载与职工劳动关系相关的情况，并在用工之日起三十日内到所在地区县公共就业服务机构备案。

第十二条 用人单位招用人员，不得向被招用人员收取或者变相收取抵押金、保证金、培训费、手续费等，不得扣押被招用人员的居民身份证、暂住证、毕业证、职业资格证等。

第十三条 用人单位不得克扣或者拖欠职工工资。

因生产经营困难不能按时足额支付职工工资，需要延期或者暂时部分支付职工工资的，应当提出足额补发的方案与工会或者职工代表协商并达成一致。

第十四条 用人单位应当依法遵守工时制度。实行综合计算工时工作制和不定时工作制的，应当经人力资源和社会保障主管部门批准。

第十五条 用人单位应当保证职工享有国家规定的节假日和周休息日，年休假、探亲假、婚丧假、计划生育假等带薪假期，以及劳动合同、集体合同约定的其它假期。

违反国家规定强迫职工加班，职工可以拒绝，用人单位不得因此扣发职工工资和解除与职工的劳动关系。

用人单位安排职工在法定休假日工作或者延长工作时间，应当依法发放加班工资；安排职工在周休息日工作的，应当依法安排相应的补休，确实不能安排补休的，应当依法发放加班工资。

第十六条 用人单位应当建立健全劳动安全卫生制度，为职工提供符合国家规定的安全生产设施、劳动卫生条件和必要的劳动防护用品。对从事有职业危害作业的职工，应当每年进行一次健康检查并建立职业健康档案；对存在的重大事故隐患，应当及时整改；对在劳动过程中发生的职工安全生产伤亡事故和职业病危害事故，应当及时采取应急处理措施。

第十七条 用人单位为职工提供专项培训费用，对其进行专业技术培训的，可以与该职工订立协议，约定服务期。

职工违反服务期约定的，应当按照约定向用人单位支付违约金。违约金的数额不得超过用人单位提供的培训费用。用人单位要求职工支付的违约金不得超过服务期尚未履行部分所应分摊的培训费用。

用人单位与职工约定服务期的，不影响按照正常的工资调整机制提高职工在服务期期间的劳动报酬。

第十八条 工伤认定由生产经营地或者参保地的人力资源和社会保障主管部门作出。

人力资源和社会保障主管部门应当在受理认定工伤申请后的六十日内作出是否认定为工伤的决定，并以书面形式送达用人单位和职工或者其近亲属。

第十九条 用人单位应当自事故伤害发生之日或者被诊断、鉴定为职业病之日起三十日内向人力资源和社会保障主管部门提出工伤认定申请，并及时安排医疗救助。遇有特殊情况，经人力资源和社会保障主管部门批准，可以适当延长，但延长期不得超过三十日。

用人单位未按前款规定提出工伤认定申请的，工伤职工或者其近亲属、工会组织在事故伤害发生之日或者被诊断、鉴定为职业病之日起一年内，可以直接向人力资源和社会保障主管部门提出工伤认定申请。

第二十条 用人单位制定、修改或者决定直接涉及职工切身利益的规章制度或者重大事项时，应当依法经职工代表大会或者全体职工讨论，提出方案和意见，与工会或者职工代表平等协商确定，并公示或者告知职工。

第二十一条 用人单位应当向全体职工公示下列事项：

（一）职工培训计划和职工教育经费的提取、支出情况，用人单位单方解除劳动关系、奖励处分职工的情况；

（二）工作作息时间、劳动纪律、奖惩制度和工资支付等规章制度；

（三）集体协商情况和集体合同文本；

（四）集体合同履行情况，养老、医疗、失业、工伤、生育等社会保险费的缴纳情况，职工福利基金的使用情况等直接涉及职工切身利益的重大事项；

（五）法律、法规规定应当向职工通报的其他情况。

第二十二条 用人单位录用女职工的劳动合同不得规定限制女职工结婚、生育等内容。实行男女同工同酬，在晋职、晋级、评定专业技术职务等方面坚持男女平等。女职工在经期、孕期、产期、哺乳期依法享受特殊保护。

第二十三条 职工一方依法提出集体协商要求的，用人单位应当与职工一方进行集体协商。集体协商所形成的集体合同草案应当提交职工大会或者职工代表大会讨论通过。集体合同应当自双方首席代表签字之日起十日内，由用人单位报人力资源和社会保障主管部门进行审查。

第二十四条 集体协商确定的劳动定额标准，应当是百分之九十以上的职工在法定工作时间或者劳动合同约定时间内能够完成的工作量。

第二十五条 用人单位解除参加集体协商的职工代表的劳动关系或者变更其工作岗位、降低其工资待遇，应当向工会说明原因并征得同意；职工代表是工会主席或者副主席的，应当向上一级工会说明原因并征得同意。

第二十六条 因用人单位作出的解除和终止劳动合同、减少劳动报酬、计算职工工作年限等决定而发生的劳动争议，用人单位负举证责任。

用人单位应当从知道或者应当知道职工违反规章制度行为之日起一年内作出处理决定。逾期未处理的，不得再追究其责任。

第二十七条 被派遣职工享有与用工单位的职工同工同酬的权利。用工单位应当按照同工同酬原则，对被派遣职工与本单位同类岗位的职工实行相同的劳动报酬分配办法。用工单位无同类岗位职工的，参照用工单位所在地或者所在行业相同或者相近岗位职工的劳动报酬确定。

第二十八条 劳务派遣单位应当与用工单位建立经常性联系，监督劳务派遣合同履行情况，维护被派遣职工的合法权益。

第二十九条 劳务派遣单位跨地区派遣职工的，被派遣职工享有的劳动报酬和劳动条件，应当按照用工单位所在地的标准执行。

第三十条 有下列情形之一的，视为用工单位已与被派遣职工建立劳动关系，用工单位应当与其订立劳动合同：

（一）劳务派遣单位未与用工单位续订劳务派遣协议，劳动合同到期一个月后，用工单位继续使用该劳务派遣职工的；

（二）在非临时性、辅助性、替代性岗位使用被派遣职工的；

（三）临时性岗位使用被派遣职工超过六个月期限的；

（四）用工单位或者其所属单位出资或者合伙设立的劳务派遣单位，向本单位或者所属单位派遣职工的；

（五）其他违反法律、法规有关劳务派遣的禁止性规定行为的。

前款第二项所称临时性岗位是指存续时间不超过六个月的工作岗位；辅助性岗位是指为主营业务岗位提供服务的非主营业务岗位；替代性岗位是指用工单位的直接用工因休假、培训、服役、工伤等情况不能提供劳动而暂时由被派遣职工代替的工作岗位。

第三十一条 被派遣职工在派遣期间发生工伤事故的，用工单位应当协助劳务派遣单位做好工伤认定申报工作。

第三十二条 城市公共交通等享受政府财政补贴的行业的行业工会或者产业工会，可以代表职工与该行业组织就职工工资进行集体协商。市人民政府应当对财政补贴给予必要的保障。

第三十三条 实行建筑领域职工工资支付保证金制度，工资保证金管理、使用的具体办法由省人民政府规定。

第三章 监督与救济

第三十四条 市人力资源和社会保障主管部门应当建立劳动合同、集体合同信息查询系统，供职工查询，监督劳动合同、集体合同的订立和履行。

第三十五条 基层工会对所在用人单位侵犯职工合法权益的行为提出纠正意见，用人单位拒不接受的，基层工会应当及时向上一级工会报告，由上一级工会向用人单位发出《劳动法律监督意见书》；用人单位不予改正的，工会可以向政府有关主管部门提出《劳动法律监督建议书》，政府有关主管部门应当按照国家相关规定和程序进行处理。

第三十六条 发生劳动争议，职工可以与用人单位协商，也可以请工会或者第三方共同与用人单位协商，达成和解协议。

当事人不愿协商、协商不成或者达成和解协议后不履行的，可以向调解组织申请调解；不愿调解、调解不成或者达成调解协议后不履行的，可以向劳动争议仲裁委员会申请仲裁；对仲裁裁决不服的，除法律另有规定的外，可以向人民法院提起诉讼；一方当事人在法定期限内不起诉又不履行仲裁裁决的，另一方当事人可以申请人民法院强制执行。

第三十七条　经调解达成协议的，应当制作调解协议书。

调解协议书由双方当事人签名或者盖章，经调解员签名并加盖调解组织印章后生效，对双方当事人具有约束力，当事人应当履行。

自劳动争议调解组织收到调解申请之日起十五日内未达成调解协议的，当事人可以依法申请仲裁。

第三十八条　因支付拖欠劳动报酬、工伤医疗费、经济补偿或者赔偿金事项达成调解协议，用人单位在协议约定期限内不履行的，职工可以持调解协议书依法向人民法院申请支付令。

第三十九条　提出仲裁要求的一方应当自劳动争议发生之日起六十日内向劳动争议仲裁委员会提出书面申请。仲裁裁决一般应当在收到仲裁申请的六十日内作出。对仲裁裁决无异议的，当事人应当履行。

第四十条　因订立集体合同发生争议，当事人协商解决不成的，当地人民政府人力资源和社会保障主管部门可以组织有关各方协调处理。

企业违反集体合同，侵犯职工劳动权益的，工会可以依法要求企业承担责任；因履行集体合同发生争议，经协商解决不成的，工会可以向劳动争议仲裁机构提请仲裁，仲裁机构不予受理或者对仲裁裁决不服的，可以向人民法院提起诉讼。

第四十一条　职工认为人民政府及其所属部门的具体行政行为侵犯其劳动权益的，可以依法申请行政复议或者向人民法院提起行政诉讼。

第四十二条　县级以上各级总工会可以成立职工法律援助组织，接受法律援助机构的指导，为职工提供劳动争议仲裁和诉讼法律援助。

第四十三条　人力资源和社会保障主管部门应当对拖欠职工工资和社会保险费的用人单位及其法定代表人、主要负责人、投资人按不良信用行为记录在案，并通报行业主管部门和社会征信管理机构、工商、银行等相关单位；情节严重的，可以向社会公布，并可以要求用人单位提供工资保证金。

第四章　法律责任

第四十四条　用人单位制定的直接涉及职工切身利益的规章制度违反法律、法规规定的，由人力资源和社会保障主管部门责令改正，给予警告；给职工造成损害的，应当承担赔偿责任。

第四十五条　用人单位单方变更参加集体协商的职工代表的工作岗位或者降低其工资待遇的，由人力资源和社会保障主管部门责令改正，用人单位应当补发所减少的劳动报酬；拒不改正的，该职工可以随时提出解除劳动关系，用人单位应当支付相当于本人依法应得的经济补偿金二倍的赔偿金。

第四十六条　用人单位违反本条例规定的其他行为，法律、法规有规定的，按照有关规定处理。

第四十七条　人力资源和社会保障主管部门和其他有关主管部门及其工作人员玩忽职守、不履行法定职责，或者违法行使职权，给职工或者用人单位造成损害的，应当承担赔偿责任；对直接负责的主管人员和其他直接责任人员，依法给予行政处分；构成犯罪的，依法追究刑事责任。

第四十八条　工会工作人员不履行维护职工合法权益职责的，职工有权向上级工会提出申诉，上级工会应当及时处理。

第五章　附　则

第四十九条　本条例自 2013 年 8 月 1 日起施行。

江苏省劳动人事争议调解仲裁办法

（2013 年 5 月 27 日经江苏省人民政府第 8 次常务会议讨论通过
2013 年 6 月 6 日省政府令第 90 号发布　自 2013 年 8 月 1 日起施行）

第一章　总　则

　　第一条　为公正及时处理劳动人事争议，保护当事人的合法权益，规范调解、仲裁程序，根据《中华人民共和国劳动争议调解仲裁法》（以下简称《劳动争议调解仲裁法》）、《中华人民共和国公务员法》（以下简称《公务员法》）、《中国人民解放军文职人员条例》等法律、法规，结合本省实际，制定本办法。

　　第二条　本省行政区域内用人单位与劳动者发生的劳动人事争议，适用本办法。

　　第三条　处理劳动人事争议，应当根据事实，遵循合法、公正的原则，着重调解，及时裁决，依法保护当事人的合法权益。

　　第四条　县级以上地方人民政府应当建立和完善企业、事业单位调解、乡镇（街道）调解、行业调解、人民调解、行政调解等多渠道的劳动人事争议调解机制。

　　人力资源和社会保障行政部门负责指导本行政区域内的劳动人事争议调解仲裁工作。

第二章　调　解

第五条　发生劳动人事争议，当事人可以到下列调解组织申请调解：

（一）企业劳动争议调解委员会；

（二）事业单位劳动人事争议调解委员会；

（三）区域性、行业性劳动人事争议调解组织；

（四）依法设立的基层人民调解组织；

（五）在乡镇（街道）、村（社区）设立的具有劳动人事争议调解职能的组织。

第六条　企业、事业单位劳动人事争议调解委员会由劳动者代表和用人单位代表组成，人数由双方协商确定，双方人数应当对等。劳动者代表由工会委员会成员担任或者由全体劳动者推举产生，用人单位代表由单位负责人指定。

调解委员会主任由工会委员会成员或者双方推举的人员担任。

第七条　劳动人事争议调解组织应当建立健全调解登记、调解记录、督促履行、档案管理、业务培训、统计报告、工作考评等制度。

第八条　地方各级人民政府及其相关部门、用人单位应当采取措施支持劳动人事争议调解组织开展调解工作。

第九条　人力资源和社会保障行政部门、总工会、司法行政部门、人民法院指导劳动人事争议调解组织开展劳动人事争议调解工作，共同开展调解员的业务培训工作。

第十条　劳动人事争议调解组织接到当事人调解申请后，对属于劳动人事争议受理范围且各方当事人同意调解的，应当在3日内受理，对不属于受理范围或者一方当事人不同意调解的，应当做好记录，并书面通知当事人。

第十一条　劳动人事争议调解组织调解劳动人事争议，应当自受理调解申请之日起15日内结束，但是，当事人书面同意延期的可以延长。在15日内或者当事人同意的期限内未达成调解协议的，为调解不成。当事人可以依法申请仲裁。

第十二条　劳动人事争议调解组织制作的调解协议书应当载明当事人基本情况、调解请求事项、调解结果和协议履行期限、履行方式等。

第十三条　经调解组织调解达成劳动人事争议调解协议的，自调解协议生

民事法律文件解读

效之日起 15 日内，当事人可以共同向调解组织所在地劳动人事争议仲裁委员会提出仲裁审查确认申请，仲裁委员会经审查，认为符合法律规定的，对调解协议出具仲裁调解书；认为不符合法律规定的，出具不予确认决定书。

劳动人事争议仲裁委员会作出不予确认决定的，当事人可以就该争议事项向劳动人事争议仲裁委员会申请仲裁。

第十四条 发生劳动人事争议，劳动人事争议调解组织可以在征得当事人同意后主动调解。调解组织也可以接受劳动人事争议仲裁委员会的委托、移交、邀请进行调解。

委托、移交调解的调解期限不超过 15 日，调解期限不计入劳动人事争议仲裁委员会仲裁期限。

第十五条 依据《中华人民共和国劳动合同法》第三十条第二款规定申请支付令被人民法院裁定终结督促程序后，劳动者向劳动人事争议仲裁委员会申请仲裁的，劳动人事争议仲裁委员会应当受理。

依据《劳动争议调解仲裁法》第十六条规定申请支付令被人民法院裁定终结督促程序后，劳动者可以依据调解协议直接向人民法院提起诉讼。

第三章 仲 裁

第十六条 省、设区的市、县（市）设立劳动人事争议仲裁委员会。

劳动人事争议仲裁委员会可以根据案件处理实际需要，在本辖区内的乡镇（街道）、村（社区）设立巡回仲裁庭。

第十七条 劳动人事争议仲裁委员会由干部主管部门代表、人力资源和社会保障等相关部门代表、军队及聘用单位文职人员工作主管部门代表、工会代表和用人单位代表等组成，总人数应当是单数。

劳动人事争议仲裁委员会主任由人力资源和社会保障行政部门负责人担任，副主任由组成单位负责人担任。

第十八条 用人单位、工会、相关部门等劳动人事争议仲裁委员会组成单位可以委派兼职仲裁员常驻劳动人事争议仲裁委员会，参与劳动人事争议调解仲裁活动。

第十九条 劳动人事争议仲裁委员会办事机构为劳动人事争议仲裁院，具体承担调解仲裁等日常工作。劳动人事争议仲裁院应当建设成具有社会管理和服务能力的办事机构。

第二十条 劳动人事争议仲裁院应当按照统筹兼顾、适应实际需要的原则，合理配备工作人员。

仲裁院应当具有相对独立的办公和办案场所，配备必要的设施和装备。

第二十一条 仲裁庭审理劳动人事争议，应当在专门场所进行。为方便处理劳动人事争议，必要时可以设立临时仲裁场所。

仲裁场所应当相对独立、设施功能齐全、标志显著、庭貌庄严。

参加庭审的仲裁员和记录人员应当统一着正装，佩戴仲裁徽章。

第二十二条 符合《劳动争议调解仲裁法》第二十条规定的仲裁员条件，并参加国家或者省人力资源和社会保障行政部门组织的仲裁员培训，考试合格，经劳动人事争议仲裁委员会聘任的仲裁员，可以申领仲裁员证。

第二十三条 仲裁员分为专职仲裁员和兼职仲裁员，兼职仲裁员和专职仲裁员在仲裁活动中享有同等权利。兼职仲裁员进行仲裁活动，所在单位应当给予支持。

第二十四条 仲裁员实行年度考核，年度考核结果作为解聘和续聘的依据。

第二十五条 省劳动人事争议仲裁委员会管辖下列劳动人事争议案件：

（一）实施《公务员法》的省级机关与聘任制公务员、参照《公务员法》管理的省级单位与聘任工作人员的人事争议；

（二）省人民政府在宁直属事业单位以及省人民政府各部门、直属机构在宁事业单位发生的劳动人事争议；

（三）由省人力资源和社会保障行政部门代管的中央、国家有关部门所属驻宁事业单位发生的劳动人事争议；

（四）军队军级以上聘用单位与文职人员的人事争议；

（五）在全省有重大影响的劳动人事争议；

（六）认为应当由本仲裁委员会审理的其他劳动人事争议。

第二十六条 设区的市劳动人事争议仲裁委员会管辖本行政区域内除省劳动人事争议仲裁委员会管辖范围以外的其他劳动人事争议。

县（市）劳动人事争议仲裁委员会负责处理本行政区域内发生的劳动人事争议。

第二十七条 劳动人事争议当事人分别向合同履行地和用人单位所在地劳动人事争议仲裁委员会申请仲裁的，由合同履行地劳动人事争议仲裁委员会管辖。

案件受理后，合同履行地和用人单位所在地发生变化的，不改变劳动人事争议仲裁的管辖。

多个劳动人事争议仲裁委员会都有管辖权，由最先受理的劳动人事争议仲裁委员会管辖。

劳动人事争议仲裁委员会之间因管辖权发生争议的，由双方协商解决；协商不成的，报请其共同的上一级人力资源和社会保障行政部门指定管辖。

第二十八条 用人单位发生合并、分立或者变更等情况的，由承继其权利、义务的用人单位作为当事人参加仲裁活动。

发生劳动人事争议的用人单位被吊销营业执照、责令关闭、撤销以及用人单位决定提前解散、歇业，不能承担相关责任的，依法将其出资人、开办单位或者主管部门作为共同当事人。

第二十九条 当事人、法定代理人可以委托 1 至 2 名代理人参加仲裁活动。委托代理人参加仲裁活动，应当向劳动人事争议仲裁委员会提交有委托人签名或者盖章的授权委托书，委托书应当载明委托事项和权限。

第三十条 劳动者委托除律师、基层法律服务工作者、近亲属以外的公民参加仲裁活动的，公民代理人应当向劳动人事争议仲裁委员会提交身份证明和劳动者所在社区、单位或者有关社会团体推荐的相关证明。

公民代理人不得向劳动者收取费用。劳动人事争议案件代理人不得从事风险代理。

代理人违反第二款规定的，劳动人事争议仲裁委员会可以取消其代理资格。

第三十一条 委托代理人的权限变更或者解除的，当事人或者法定代理人应当书面告知劳动人事争议仲裁委员会，并由劳动人事争议仲裁委员会告知对方当事人。

第三十二条 发生劳动人事争议的劳动者一方在10人以上，并有共同请求的，劳动者应当推举不超过5名代表人参加调解仲裁活动。

第三十三条 仲裁庭审理劳动人事争议案件时所依据的证据有：当事人陈述、书证、物证、视听资料、电子数据、证人证言、鉴定意见、勘验笔录。

以上证据经查证属实，才能作为认定事实的根据。

第三十四条 申请人向劳动人事争议仲裁委员会申请仲裁时，应当提供与其请求事项相关事实的初步证据。

第三十五条 劳动人事争议仲裁委员会可以委托社会保险经办机构等单位就案件事实部分涉及的专业性问题进行核定。受委托的单位应当自收到委托书之日起15日内完成委托事项；因故不能完成的，应当在上述期限内函告委托方。

第三十六条 劳动人事争议申请仲裁时效适用《劳动争议调解仲裁法》第二十七条规定。

当事人主张仲裁时效中断、中止的，应当对其主张承担举证责任。

第三十七条 劳动人事争议案件应当公开开庭审理，但当事人协议不公开审理，或者涉及国家秘密、军事秘密、商业秘密和个人隐私的除外。

第三十八条 仲裁员有下列情形之一的，应当回避，当事人也有权提出回避申请：

（一）是本案的当事人或者当事人、代理人近亲属的；

（二）与本案有利害关系的；

（三）与本案当事人、代理人有其他关系，可能影响公正裁决的；

（四）私自会见当事人、代理人，或者接受当事人、代理人请客送礼的。

当事人提出回避申请，应当说明理由，提供相关的证明材料，最迟应当在庭审辩论终结前提出，劳动人事争议仲裁委员会应当及时作出决定，以口头或者书面的方式通知当事人。

第三十九条 仲裁庭裁决劳动人事争议的期限，按照《劳动争议调解仲裁法》第四十三条规定执行。

有下列情形之一的，经劳动人事争议仲裁委员会主任批准，可以中止计算仲裁期间：

（一）当事人因不可抗力的事由或者其他正当理由，不能参加仲裁活动的；

（二）委托其他部门调查取证的；

（三）委托社会保险经办机构就专业性问题进行核定的；

（四）案件处理需要等待工伤认定、劳动能力鉴定或者司法鉴定的；

（五）公告送达的；

（六）其他需要中止计算仲裁期间的情形。

第四十条　有下列情形之一的，经劳动人事争议仲裁委员会主任批准，终结审理：

（一）申请人为自然人死亡，没有近亲属或者法定代理人，或者近亲属、法定代理人放弃申请权利的；

（二）涉及经济利益的劳动人事争议，被申请人为自然人死亡，没有遗产，也没有应当承担义务的人的；

（三）仲裁庭逾期未作出裁决，当事人不同意继续由仲裁委员会审理的；

（四）其他需要终结审理的情形。

第四十一条　仲裁决定适用于下列事项：

（一）对管辖权有异议的；

（二）是否需要回避的；

（三）中止、终结或者恢复审理的；

（四）撤销不予受理通知或者案件的；

（五）撤销并重新组成仲裁庭的；

（六）准予撤回仲裁申请的；

（七）补正调解书、裁决书笔误的；

（八）撤销仲裁裁决并重新审理的；

（九）不予确认调解组织调解协议效力的；

（十）其他需要仲裁决定解决的事项。

第四十二条　申请人在申请仲裁后至仲裁裁决前，因与被申请人达成和解协议，或者因被申请人主体有误、放弃仲裁申请等原因而撤回仲裁申请的，应当向劳动人事争议仲裁委员会提交书面申请，劳动人事争议仲裁委员会应当准予其撤回仲裁申请。

劳动人事争议仲裁委员会已受理被申请人反申请的，申请人撤回仲裁申请不影响被申请人反申请的继续审理。

第四十三条 仲裁庭处理劳动人事争议案件应当先行调解。调解达成协议的，仲裁庭应当根据协议内容制作调解书。

调解协议需要由第三人承担义务的，第三人应当在调解协议上签字或者盖章。

第四十四条 劳动人事争议仲裁委员会未在法定期限内作出受理决定的，应当书面征询申请人是否同意由劳动人事争议仲裁委员会受理。申请人同意的，劳动人事争议仲裁委员会应当受理；申请人不同意的，劳动人事争议仲裁委员会应当在收件回执上对超过 5 日期限予以确认，申请人可以自确认之日起 15 日内向人民法院提起诉讼。

第四十五条 劳动人事争议仲裁委员会未在法定期限内对劳动人事争议作出裁决的，应当书面征询各方当事人是否同意由其继续审理。各方当事人均同意继续审理的，劳动人事争议仲裁委员会应当继续审理；一方当事人不同意继续审理的，劳动人事争议仲裁委员会应当作出终结审理决定，当事人可以自收到决定之日起 15 日内向人民法院提起诉讼。

第四十六条 劳动者依据《劳动争议调解仲裁法》第四十七条第（一）项规定，追索劳动报酬、工伤医疗费、经济补偿金或者赔偿金，其仲裁请求涉及数项，且仲裁裁决确定的每项数额均不超过当地月最低工资标准 12 个月金额的，该裁决为终局裁决。

第四十七条 仲裁文书应当按照下列方式送达：

（一）直接送达；

（二）留置送达；

（三）委托送达；

（四）邮寄送达。

受送达人下落不明，或者适用前款规定的方式无法送达的，可以公告送达，自发出公告之日起经过 60 日，即视为送达。仲裁文书采用公告方式送达的，可以在省人力资源和社会保障行政部门网站发布公告，同时，在案卷中注明原因和经过，保留相应的网页记录。

劳动者人数在 10 人以上的集体劳动人事争议，劳动人事争议仲裁委员会适用本条第一款规定的送达方式无法送达用人单位的，可以通过布告形式公布。布告应当张贴在用人单位主要经营场所或者办公场所，或者用人单位法定代表人住所地，自布告张贴次日起，即视为送达。

第四十八条 劳动人事争议仲裁委员会根据《劳动争议调解仲裁法》第四十四条规定裁决先予执行的，在移送被执行人住所地或者财产所在地基层人民法院执行时，应当提供以下材料：

（一）移送执行函；

（二）先予执行裁决书；

（三）裁决书的送达回执。

第四十九条 对于权利义务明确、事实清楚的简单劳动人事争议案件或者经双方当事人同意的其他争议案件，劳动人事争议仲裁委员会可以适用简易程序，指定 1 名仲裁员独任处理，并可以在庭审程序、案件调查、仲裁文书送达、裁决方式等方面进行简便处理。

第五十条 对符合下列条件的劳动人事争议案件以及经当事人同意的其他案件，可以适用特别简易程序：

（一）发生劳动人事争议的劳动者在 3 人以内的；

（二）申请人的请求事项单一，案件标的额不超过当地月最低工资标准 12 个月金额的；

（三）当事人的权利义务明确和适用法律清楚的。

第五十一条 适用特别简易程序处理的，劳动人事争议仲裁委员会可以自收到仲裁申请之日予以立案，指定 1 名仲裁员独任处理，采用庭外调解或者书面审理的方式在 15 日内结案，结案方式为申请人自愿撤回仲裁申请或者当事人达成调解协议。15 日内经 2 次调解仍未解决劳动人事争议的，转入简易程序处理，仲裁期限从转入简易程序之日起重新计算。

第五十二条 当事人及有关人员在仲裁活动中有下列行为之一的，劳动人事争议仲裁委员会可以批评教育、责令改正；批评教育无效的，可以向其所在单位或者主管部门提出仲裁建议书，收到仲裁建议书的单位或者部门应当处理；构成违反治安管理行为的，依法给予治安管理处罚；构成犯罪的，依法追究刑事责任：

（一）干扰仲裁活动，阻碍仲裁工作人员执行公务的；

（二）提供虚假证据的；

（三）有义务提供有关文件、资料和其他证明材料而拒不提供的；

（四）利用仲裁活动损害国家利益、社会公共利益或者他人合法权益的；

（五）对仲裁工作人员、仲裁参加人、证人打击报复的；

（六）违反仲裁庭纪律或者扰乱仲裁庭秩序的；

（七）违反本办法规定的其他行为。

第五十三条　劳动人事争议仲裁委员会发现其已经生效的仲裁裁决有下列情形之一的，应当撤销裁决。但已生效超过 1 年的仲裁裁决和人民法院已经受理当事人申请执行的仲裁裁决除外：

（一）适用法律、法规确有错误的；

（二）违反法定程序，可能影响案件公正裁决的；

（三）裁决所根据的证据是伪造的；

（四）当事人隐瞒了足以影响公正裁决的证据的；

（五）仲裁员在审理案件时有索贿受贿、徇私舞弊、枉法裁决行为的。

仲裁裁决被撤销后，劳动人事争议仲裁委员会应当自撤销之日起 10 日内另行组成仲裁庭对案件进行重新审理，重新审理期限从撤销之日起计算。

第四章　附　则

第五十四条　在本省行政区域内依法就业的外国人、无国籍人以及港、澳、台地区居民，与用人单位发生的劳动人事争议，适用本办法。

第五十五条　本办法规定的"3 日""5 日"，指工作日。有关证据、送达、期间等事项，参照《中华人民共和国民事诉讼法》有关规定执行。

第五十六条　劳动人事争议仲裁不收费。劳动人事争议仲裁院的仲裁经费由同级财政列入预算，给予保障。

第五十七条　本办法自 2013 年 8 月 1 日起施行。1995 年 1 月 13 日江苏省人民政府发布的《江苏省企业劳动争议处理办法》和 2005 年 12 月 7 日江苏省人民政府发布的《江苏省人事争议处理暂行办法》同时废止。

[地方司法业务文件与解读]

浙江省高级人民法院民事审判第一庭

关于审理劳动争议纠纷案件
若干疑难问题的解答

2012 年 12 月 24 日   浙法民一〔2012〕4 号

近年来劳动争议纠纷案件增幅较大，出现了一些新情况、新问题。为正确审理此类案件，省高院民一庭经与省劳动仲裁院联合调研，并广泛征求意见，就此类案件审理中的一些突出问题作出解答，供办案时参考。

一、如果确系不可归责于用人单位的原因导致未签订书面劳动合同，劳动者能否要求用人单位支付二倍工资？

签订书面劳动合同系用人单位的法定义务，但确系不可归责于用人单位的原因导致未签订书面劳动合同，劳动者因此主张二倍工资的，可不予支持。下列情形一般可认定为"不可归责于用人单位的原因"：

用人单位有充分证据证明劳动者拒绝签订或者利用主管人事等职权故意不签订劳动合同的；工伤职工在停工留薪期内的，女职工在产假期内或哺乳假内的，职工患病或非因工负伤在病假期内的，因其他客观原因导致用人单位无法及时与劳动者签订劳动合同的。

二、用人单位超过一个月未与劳动者订立书面劳动合同，但在一年内又补订了劳动合同的，是否应该向劳动者支付二倍工资？

用人单位超过一个月未与劳动者签订书面劳动合同，后在一年内又与劳动者补订了劳动合同，用人单位应向劳动者支付用工之日起满一个月的次日至补订劳动合同的前一日期间的二倍工资。实际补订日期，应根据补订的劳动合同落款日期及其他情形综合认定。

三、未订立书面劳动合同的，二倍工资的最长支付期限是多少？

依据《劳动合同法》第十四条第三款和《劳动合同法实施条例》第七条的规定，用人单位自用工之日起满一年未与劳动者订立书面劳动合同的，视为双方已订立无固定期限劳动合同。因此，未订立书面劳动合同情形下二倍工资的支付最长不超过 11 个月。劳动者请求用人单位支付一年届满后的二倍工资的，不予支持。

四、二倍工资的仲裁时效应该如何理解？

《劳动合同法》第八十二条所称的"二倍工资"中加付的一倍工资并不属于劳动报酬，劳动者申请仲裁的时效为一年。用人单位自用工之日起超过一个月未与劳动者订立书面劳动合同，劳动者要求用人单位支付二倍工资的，仲裁时效应从用人单位与其补订劳动合同之日或者视为双方已订立无固定期限劳动合同之日起计算。

五、劳动合同期满，但因特殊情形延续导致劳动者在同一用人单位连续工作满 10 年的，劳动者能否请求与用人单位订立无固定期限劳动合同？

劳动合同期满，因劳动者有下列情形之一而续延，因此达到劳动者在同一用人单位连续工作满 10 年，劳动者提出订立无固定期限劳动合同的，用人单位应当与劳动者订立无固定期限劳动合同：从事接触职业病危害作业的劳动者未进行离岗前职业健康检查，或者疑似职业病病人在诊断或者医学观察期间的；患病或者非因工负伤，在规定的医疗期内的；女职工在孕期、产期、哺乳期的。

六、劳动合同期满后，依照《劳动合同法》第四十二条的规定双方合同关系依法延续，劳动者能否请求用人单位支付延续期间未签订劳动合同的二倍工资？

按照《劳动合同法》第四十二条的规定劳动合同关系依法延续的，在延续期间双方未订立书面劳动合同，劳动者请求用人单位支付二倍工资，不予支持。

七、劳动合同期满后，劳动者继续在用人单位工作，用人单位超过一个月不与劳动者订立书面劳动合同的法律后果是什么？

签订书面劳动合同系用人单位的法定义务，用人单位应该规范用工。劳动合同期满后，劳动者继续在用人单位工作，用人单位超过一个月不满一年未与劳动者订立书面劳动合同，劳动者请求用人单位支付二倍工资的，应予支持。用人单位超过一年未与劳动者订立书面劳动合同的，视为双方已订立无固定期限劳动合同。

八、对保安、门卫、仓库保管员等特殊岗位劳动者主张加班工资的，加班事实应如何把握？

对于全天24小时吃住在单位的保安、传达室门卫、仓库保管员等人员，其工作性质具有特殊性。如确因工作所需和单位要求，不能睡眠休息的，应认定为工作时间；如工作场所中同时提供了住宿或休息设施的，应合理扣除可以睡眠休息的时间，即劳动者正常上班以外的时间不应计算为工作时间，对超出标准工作时间上班的，用人单位应支付加班工资。审判实践中，可以综合考虑以下因素：用人单位是否就该岗位向劳动行政部门申请办理过综合计算工时工作制、不定时工作制的审批手续（应注意审批的有效期和审批人数）；用人单位是否在工作场所内为劳动者配备必要的休息设施；用人单位的工作制度或规章制度中对劳动者具体工作内容、工作强度的要求（以判断劳动者按照该制度工作是否将导致事实上无法休息）；用人单位安排值班的人数（即考虑同一时段劳动者是否有轮换休息的可能性）。

九、实行计件工资制的加班工资如何认定？

用人单位实行计件工资制，劳动者主张加班工资的，认定加班事实应主要审查计件工资劳动定额是否合理。劳动合同对计件工资劳动定额有约定的按照约定的定额审查，无约定的按行业规定审查。对劳动定额明显不合理或无行业规定的，按标准工时折算定额后再计算加班工资。

十、用人单位一次性向劳动者支付了竞业限制经济补偿，劳动者违反竞业限制义务时，用人单位能否向劳动者主张违约金？

《劳动合同法》第二十三条仅规定了用人单位"在竞业限制期限内按月给予劳动者经济补偿"的补偿方式。用人单位如果在解除或终止劳动合同时，一次性向劳动者支付了竞业限制补偿金的，劳动者违反竞业限制义务时，用人单位可以向劳动者主张违约金。

十一、劳动者不愿意缴纳社会保险费，并书面承诺放弃参加社会保险费的法律后果是什么？

劳动者不愿意缴纳社会保险费，并书面承诺放弃参加社会保险费的，该书面承诺无效。劳动者可以此为由解除劳动合同，但要求用人单位支付经济补偿金的，不予支持。

十二、用人单位违法解除劳动合同，劳动者要求撤销解除劳动合同的决定，继续履行劳动合同的，应如何处理？

如果在一审宣判前，原劳动合同期限已经届满的，则一般不支持劳动者关于继续履行劳动合同的请求。对劳动者主张停发工资日至劳动合同届满日期间的工资损失，应按劳动者被停发工资前十二个月的平均工资确定。

如果在一审宣判时，原劳动合同期限尚未届满的，则对劳动者主张继续履行劳动合同的请求予以支持。对停发工资日以后的工资损失，应按劳动者被停发工资前十二个月的平均工资确定。

十三、用人单位未及时、足额支付劳动报酬或未依法缴纳社会保险费的，能否作为劳动者单方解除劳动合同的理由？

用人单位因过错未及时、足额支付劳动报酬或未依法缴纳社会保险费的，可以作为劳动者解除劳动合同的理由。但用人单位有证据证明确因客观原因导致计算标准不清楚、有争议，或确因经营困难、具有合理理由或经劳动者认可，或欠缴、缓缴社会保险费已经征缴部门审批，劳动者以用人单位未"及时、足额"支付劳动报酬或未依法缴纳社会保险费为由解除劳动合同，要求用人单位支付经济补偿金的，不予支持。

十四、用人单位与劳动者就工伤待遇、加班工资、经济补偿金等达成和解或经调解组织调解后，劳动者能否再以数额过低要求用人单位补足差额？

用人单位与劳动者协商或经调解组织调解，就工伤待遇、加班工资、经济补偿金等达成和解或调解协议后，劳动者以数额过低要求用人单位补足差额的，不予支持。但劳动者有证据证明协议签订存在受胁迫、欺诈而违背自己真实意思表示，或协议内容显失公平等情形的除外。

十五、因第三人侵权导致工伤的，采用何种赔偿模式？

《社会保险法》实施后，因第三人侵权导致工伤的，仍继续适用浙政发

（2009）50号通知的规定。职工因劳动关系以外的第三人侵权造成人身损害，同时构成工伤的，依法享受工伤保险待遇。如职工获得侵权赔偿，用人单位承担的工伤保险责任相对应项目中应扣除第三人支付的下列五项费用：医疗费，残疾辅助器具费，工伤职工在停工留薪期间发生的护理费、交通费、住院伙食补助费。

十六、《工伤保险条例》第三十三条规定的工伤职工在停工留薪期内"原工资福利待遇不变"的计算标准是什么？

工伤职工在停工留薪期内，原工资福利待遇不变，其中"原工资"按照工伤职工因工作遭受事故伤害或者患职业病前12个月的平均月工资计算，包括计时工资或者计件工资、奖金、津贴和补贴等，但不包括加班工资。

十七、职工在同一用人单位多次发生工伤并形成多个伤残等级的，应该如何确定一次性工伤保险待遇的等级标准？

职工在同一用人单位多次发生工伤，形成多个伤残等级，在与用人单位解除或终止劳动关系时，应按最高伤残等级确定劳动者应当享受的工伤保险待遇。

解读——

《浙江省高级人民法院民一庭关于审理劳动争议纠纷案件若干疑难问题的解答》

亓述伟[*]

　　近年来，随着劳动用工制度的深刻变革，社会保障制度不断发展以及劳动法律制度的持续完善，同时受到全球金融危机和国内宏观经济调控的

* 作者单位：浙江省高级人民法院。

叠加影响，我省劳动争议纠纷数量持续在高位运行，并呈现出复杂化、新颖化、多样化、难解决等特点，审判实践中的热点、难点问题层出不穷。① 为进一步统一全省司法裁判尺度，省高院民一庭与省劳动仲裁院经联合调研，广泛征求意见，形成了《关于审理劳动争议纠纷案件若干疑难问题的解答》（以下简称"解答"），分别下发给全省法院和劳动仲裁系统，指导审判和仲裁。现对该解答的一些主要问题作如下阐释。

一、关于制定解答的原则

1. 依法平衡用人单位和劳动者的权益。劳动法律法规以及政策的执行，与社会发展现实息息相关，劳动者权益的保护与企业的发展不可分割。因此，劳动争议审判既要保护企业的生存发展，又要充分保障劳动者的权益，处理好了，互利共赢，处理不好，两败俱伤。因此，依照法律有效、灵活地平衡双方当事人之间的权益，就成了审判的一项重要任务。

2. 积极引导企业规范用工，强化企业自我规范管理，促进企业的软实力和竞争力。企业的有效管理，是企业持续发展的基本前提。当前，企业在管理和规范经营环节普遍比较薄弱，一些用人单位为了追求自身利益

的最大化、用工成本最低化的目的，漠视劳动者的合法权益，违法用工、不规范用工、规避法定义务等现象仍然比较普遍。因此，通过规定企业不规范用工的法律后果，可以充分发挥裁判的引导功能，倒逼企业强化自身管理，促进企业持续发展。

二、关于二倍工资的问题

二倍工资中的常见问题有：二倍工资的适用条件、最长支付期限、仲裁时效等。此次解答对这些问题作了规定。

（一）二倍工资的适用条件

按照劳动合同法第八十二条的规定，只要用人单位自用工之日起超过一个月不满一年未与劳动者订立书面劳动合同的，就应当向劳动者支付二倍工资。对于该规定的理解和适用，审判实践中常见的情形有以下三种：

1. 未签订书面劳动合同的原因

对该问题，在调研中主要有两种观点。一种观点认为，签订书面劳动合同系用人单位的法定义务，只要双方当事人在结果上不存在书面劳动合同，不论具体是谁的原因导致未签订

---

① 虽然最高人民法院连续出台了四个相关司法解释，我庭也在 2009 年出台了《关于审理劳动争议案件若干问题的意见（试行）》，但司法实践中仍有不少问题亟待解决。

书面合同，用人单位都应当向劳动者支付二倍工资。另外一种观点认为，要考量未签订书面劳动合同的原因，如果是用人单位的原因，用人单位应当支付二倍工资，如果是其他原因包括劳动者的原因，用人单位不需要支付二倍工资。

对此，解答第一条采纳了第二种观点。主要理由：一是"可归责"仍然是我们判断用人单位是否承担二倍工资的基本原则。虽然法律规定签订书面劳动合同是用人单位的法定义务，但劳动合同本质上还是合同，是双方的合意，因此书面合同是否签订，不仅取决于用人单位，还取决于劳动者或者其他客观原因。审判实践中，经常碰到劳动者自己拒绝签订书面劳动合同的情形，也有的劳动者本身是用人单位主管人事的部门经理，利用职务之便故意不签订劳动合同，从而为自己事后主张二倍工资留有后路。还有的劳动者上班伊始就发生工伤或者患病，在治疗期间无法签订劳动合同。还有的劳动者在停工留薪期内，或者女职工在产假期内或哺乳假内的，实际上也无法签订劳动合同。因此，对于这些确系不可归责于用人单位的原因导致未签订书面劳动合同的情形，如果让用人单位支付二倍工

资，对用人单位不公平。二是从法律规定的文意上来看，也是强调了用人单位主观上的原因，由于用人单位的故意或者过失未签订书面劳动合同的，用人单位才承担支付二倍工资的法律责任。这一解释角度，能够比较好地照顾合同双方的利益，避免利益失衡。当然，根据上述规定，在诉讼中，用人单位必须要举证证明未签订书面劳动合同的原因在于劳动者或者其他客观事由，才能免除二倍工资的支付责任。

2. 补订书面劳动合同的法律后果

审判实践中，还经常碰到这样的问题：虽然由于用人单位的原因未与劳动者签订书面劳动合同，但在一年内双方又补订了的，劳动者能否主张二倍工资？对此，也有两种观点：一种观点认为，既然已经在一年内补订了书面劳动合同，那么书面合同的效力就及于双方发生用工关系之初，因此，视同双方在一开始就具有书面劳动合同，用人单位不需要支付二倍工资。另一种观点认为，用人单位只要无法证明法定期间内即用工之日起一个月内双方未签订书面劳动合同的原因在劳动者或者其他客观事由，用人单位的行为即违反了法律的规定，该

行为的违法性并不因为事后双方的合意补订而得到纠正，其支付二倍工资的责任当然也不能免除。

对此，解答第二条采纳了第二种观点。主要理由：一是法律的规定目的是督促用人单位及时与劳动者签订书面劳动合同，因为用人单位的原因未能及时与劳动者签订合同，用人单位就应当承担二倍工资法律责任，由此才能真正起到督促作用。二是在这种情形下规定用人单位的二倍工资责任，有利于规范目前普遍存在的违法用工等情形，倒逼企业规范用工、依法用工。实践中，企业往往利用自己的优势地位，在用工之初"看人下菜"，有选择性的签订或不签订书面劳动合同，以达到事后逃避法律责任的目的，或者因为自己的管理不善导致遗漏与劳动者签订书面劳动合同，对这些现象，如果规定事后补订也应该承担二倍工资责任，既可以有效的保护劳动者的权益，也可以督促引导企业规范用工。三是为了更好地保护劳动者的权益，对于书面劳动合同的补订日期，要严格审查，不仅要看落款日期，还要结合其他情形综合认定，以避免用人单位利用优势地位逼迫劳动者倒签的问题。

3. 合同期满后劳动关系延续的法律后果

审判实践中常见的情形有两种，一种是合同期满后，依照劳动合同法第四十二条的规定，双方合同关系延续；另一种是合同期满后，劳动者继续在用人单位工作，双方通过"默示"延续合同关系。对于这两种情形，用人单位是否需要支付二倍工资，解答的第六条、第七条分别作了规定。

就第一种情形，根据劳动合同法第四十二条的规定，劳动者具有从事接触职业病危害作业未进行离岗前职业健康检查，或者疑似职业病病人在诊断或者医学观察期间，患职业病或者因工负伤并被确认丧失或者部分丧失劳动能力，患病或者非因工负伤，在规定的医疗期内，女职工在孕期、产期、哺乳期，在本单位连续工作满十五年，且距法定退休年龄不足五年等情形的，用人单位不得解除劳动合同。在这些情形下，劳动合同期满，用人单位又不能解除劳动合同或者终止劳动关系，双方就因为法律的规定使劳动关系处于事实上延续的状态。如果此时用人单位与劳动者未另行签订书面劳动合同，根据上述第1个问题的分析，未签订书面劳动合同的原因不可归责于用人单位，用人单位不需要支付二倍工资。

就第二种情形，合同期满后，双方如继续延续劳动关系，根据法律规定，用人单位就有签订书面劳动合同的义务。用人单位必须在合同期满之前及时注意提醒劳动者，不能任由期满后的"默示"状态持续下去。因此，规定这种情形下用人单位承担二倍工资的支付责任，既可以保护劳动者的合法权益，也可以倒逼企业规范用工，督促企业及时了解和掌握自己的用工情况，完善内部管理。

（二）二倍工资的最长支付期限

鉴于劳动合同法第十条的规定给了用人单位一个月的宽限期来签订劳动合同，因此二倍工资是从未签合同满一个月的次日开始起算，如满一年未签合同，则用人单位应支付十一个月的二倍工资。但是否二倍工资就是未签合同的期间减去一个月，即二倍工资的支付没有上限？审判实践中的理解不一致。一种观点认为，只要用人单位与劳动者没有签订书面劳动合同，用人单位就应该从第一个月届满起支付二倍工资，直到签订书面合同为止。换言之，二倍工资的计算没有时间限制。另一种观点认为，二倍工资的最长支付期限是十一个月，超过

一年未签订书面劳动合同，按照劳动合同法第十四条第三款的规定，视为双方已订立无固定期限劳动合同，无需再支付二倍工资。

对此，解答第三条采纳了第二种观点。主要理由：一是有效平衡双方利益。按照法律规定，用人单位自用工之日起满一年未与劳动者订立书面劳动合同的，视为双方已订立无固定期限劳动合同。订立无固定期限劳动合同的法律后果，已经充分保护了劳动者的权益，无需再额外加大对劳动者的保护力度。二是二倍工资的立法原意是通过惩罚性的规定，提高劳动合同的签订率，从而明确和固定双方的权利义务，而不是为了让劳动者谋求劳动报酬之外的额外利益。如果二倍工资的支付没有期限的限制，不仅增加用人单位的用工成本，而且容易滋生道德风险。尤其是高薪的劳动者，如果二倍工资无上限，对用人单位而言将不堪重负；同时，这也会刺激劳动者为了获得二倍工资而故意逃避签订劳动合同，或者通过销毁、隐匿劳动合同，损害用人单位的合法权益。三是劳动合同法第八十二条第二款"用人单位违反本法规定不与劳动者订立无固定期限劳动合同的，自应当订立无固定期限劳动合同之日起

向劳动者每月支付二倍的工资"的规定，应当指的是劳动合同法第十四条第二款规定的三种情形，不包括第三款规定的情形。① 因此，未签订书面劳动合同超过一年的，法律上已经视为签订无固定期限劳动合同，用人单位不需要再支付二倍工资。

（三）二倍工资的仲裁时效

所谓仲裁时效，是指为了尽早摆脱权利受到侵害的状态，敦促受害人积极行使救济权利，防止在权利上"睡觉"的时效制度。劳动争议调解仲裁法第二十七条规定了 1 年的仲裁时效，同时规定劳动关系存续期间拖欠劳动报酬发生争议的，劳动者申请仲裁不受 1 年仲裁时效的限制。因此，二倍工资究竟是适用 1 年的仲裁时效，还是不受该时效的限制，审判实践中也有较大的争议。一种观点认为二倍工资是工资，是劳动报酬，因此不受 1 年仲裁时效的限制。另一种观点认为，二倍工资中加付的一倍工资并不属于劳动报酬，应受 1 年仲裁时效的限制。

对此解答第四条采纳了第二种观点。主要理由：一是对于劳动者的正常劳动付出，用人单位已经支付了对价，而法律要求多支付的"一倍工资"，仅是立法通过惩罚性的手段，

督促用人单位与劳动者签订劳动合同，提高劳动合同签订率，因此，这里的"工资"并不是劳动对价的劳动报酬。二是对于用人单位未与劳动者签订劳动合同，劳动者理应知道这一侵害其权利的事实，应自知道或者应当知道其权利受到侵害之日起主张救济，从而促使其积极行使权利，稳定社会关系。同时为了兼顾劳动者的利益，解答规定仲裁时效应从用人单位与其补订劳动合同之日或者视为双方已订立无固定期限劳动合同之日起计算。从起算之日起超过 1 年主张权利就应当认定超过了仲裁时效。

二、关于无固定期限劳动合同的问题

无固定期限劳动合同是指不约定终止日期的劳动合同。也有的认为是指劳动合同的双方当事人在正常履行劳动合同的情况下，劳动者和用人单位的劳动关系可以存续到劳动者退休时为止的劳动合同。② 无固定期限劳动合同在审判实践中一直存有较大争议。其中关于无固定期限劳动合同关

① 信春鹰主编：《中华人民共和国劳动合同法释义》，法律出版社 2008 年版，第 277 页。

② 郭婕、刘俊、杨森：《劳动法学》，中国政法大学出版社 1999 年版。

系成立的条件是审判实践中经常遇到的问题。

一种情形是劳动合同期满，但因特殊情形延续导致劳动者在同一用人单位连续工作满10年的，劳动者能否请求与用人单位订立无固定期限劳动合同。一种观点认为，劳动合同法第十四条规定的连续工作满十年，必须是正常的提供劳动的情形，如果是因为其他情形而延续满十年，不能满足订立无固定期限劳动合同的条件，否则对用人单位太过苛刻。另一种观点认为，为了更好地保护劳动者的权益，虽然劳动者并非是因为正常的提供劳动而在同一单位工龄满十年，但是这些特殊的原因，尤其是劳动合同法第四十二条规定的事由，均是劳动者的合法权益，应该允许劳动者以此为由主张与用人单位订立无固定期限劳动合同。

对此，解答第五条采纳了第二种观点。主要理由：一是劳动合同法第四十二条规定的从事接触职业病危害作业未进行离岗前职业健康检查，或者疑似职业病病人在诊断或者医学观察期间，或者患病、非因工负伤，在规定的医疗期内，或者女职工在孕期、产期、哺乳期内的情形，均是劳动者应该享受的合法权益。因为劳动

者享受合法权益而依法延续工龄满十年，应该赋予劳动者向用人单位请求订立无固定期限劳动合同的权利，否则会对劳动者造成不公平。二是劳动合同法第十四条第二款的规定赋予了劳动者选择权，由劳动者决定是否请求与用人单位订立无固定期限劳动合同，并非法律上直接视为双方订立无固定期限劳动合同，仍然需要双方对合同权利义务内容协商一致。因此，也不会对用人单位太过严苛。

另一种情形是固定期限合同期满后，劳动者继续在用人单位工作，双方通过"默示"延续合同关系，用人单位超过一年不与劳动者订立书面劳动合同的法律后果。对此，虽然调研中有不同的观点，但解答第七条采纳了与上述二倍工资同一的处理思路，即：签订书面劳动合同系用人单位的法定义务，用人单位应该规范用工，必须在合同期满之前及时注意提醒劳动者，不能任由期满后的"默示"状态持续下去，用人单位超过一年未与劳动者订立书面劳动合同的，视为双方已订立无固定期限劳动合同。以此保护劳动者的合法权益，同时倒逼企业规范用工。

三、关于社会保险的问题

社会保险问题是劳动争议纠纷中

争议大、难解决的一类问题。其中常见的有：用人单位与劳动者签订放弃社会保险或由劳动者自行缴纳社会保险的协议效力；因第三人导致工伤的赔偿模式以及工伤的赔偿标准等问题。

（一）劳动者不愿意缴纳社会保险费，并书面承诺放弃参加社会保险费的法律后果

一种观点认为，该免缴社会保险费的协议属双方真实意思表示，非胁迫、诈欺所达成，因此，应该认定为有效；另一种观点认为，缴纳社会保险费是劳动合同法和社会保险法规定的用人单位和劳动者的法定义务，用人单位和劳动者不得以自己的意志对该规定进行更改和变通，应认定该约定无效。

对此，解答第十一条采纳了第二种观点。主要理由：一是社会保险制度是国家从社会整体层面出发对社会利益进行分配的重要措施，其主要目的是为维护劳动者切身权益，具有公法意义。缴纳社会保险费是劳动者和用人单位的法定义务，双方不能通过私法上的合意改变公法上的强制性规定。否则，国家建立社会保险制度的目的必将落空。二是《社会保险费征缴暂行条例》第四条规定，缴费单位、缴费个人应当按时足额缴纳社会保险费。征缴的社会保险费纳入社会保险基金，专款专用，任何单位和个人不得挪用。第十二条规定缴费单位和缴费个人应当以货币形式全额缴纳社会保险费。缴费个人应当缴纳的社会保险费，由所在单位从其本人工资中代扣代缴。社会保险费不得减免。因此，劳动者不愿意缴纳社会保险费，并书面承诺放弃参加社会保险费的，该书面承诺无效。同时用人单位既然违反法定义务，劳动者可以此为由解除劳动合同。但劳动者对此亦有过错，因此规定其不能要求用人单位支付经济补偿金，以此平衡双方的利益。

（二）因第三人侵权导致工伤的赔偿模式

因第三人侵权导致工伤的赔偿模式，一直以来有补差说、兼得说、有限兼得说三种观点。2009年以前，我省的做法是采用补差模式，即侵权赔偿先行，工伤补偿殿后。此种赔偿模式备受诟病，不利于受害人及时主张权利。此后省政府出台了浙政发（2009）50号通知，规定：职工因劳动关系以外的第三人侵权造成人身损害，同时构成工伤的，依法享受工

保险待遇。如职工获得侵权赔偿，用人单位承担的工伤保险责任相对应项目中应扣除第三人支付的下列五项费用：医疗费，残疾辅助器具费，工伤职工在停工留薪期间发生的护理费、交通费、住院伙食补助费。该规定实际上采用的是有限兼得说，即：第一，劳动者可以选择救济途径；第二，除医疗费，残疾辅助器具费，工伤职工在停工留薪期间发生的护理费、交通费、住院伙食补助费外，受害人可以通过侵权损害赔偿和工伤赔偿两个救济途径兼得相关赔偿。该通知的人性化规定，在全省适用后取得了良好的法律和社会效果。但社会保险法实施后，从该法的相关规定来看，似乎采用的又是补差模式。① 因此，究竟是按照补差模式还是有限兼得模式，经我院与省政府相关部门协商，2012 年 6 月 27 日形成了《省行政复议与行政审判联席会议第七次会议纪要》，该纪要第七条对此作了明确规定，因第三人侵权导致工伤的，仍继续适用浙政发（2009）50 号通知。此次解答第十五条作了重申。

（三）停工留薪期内"原工资福利待遇不变"的计算标准

审判实践中，就《工伤保险条例》第三十三条规定的工伤职工在停工留薪期内"原工资福利待遇不变"的计算标准，争议较大。有的认为在非正常工作期间，计算基数应当是基本工资。有的观点认为应当尽量保护劳动者的合法权益，鉴于劳动者是因为劳动过程中受到损害，从而无法正常参加劳动，原工资福利待遇应当就是劳动者在正常劳动时所享受的劳动报酬和相关待遇。对此，解答第十六条采纳了第二种观点，规定其中"原工资"按照工伤职工因工作遭受事故伤害或者患职业病前 12 个月的平均月工资计算，包括计时工资或者计件工资、奖金、津贴和补贴等，但不包括加班工资。不满 12 个月的，按照其实际工作时间的平均工资计算。

四、关于竞业限制与违约金的问题

关于竞业限制的法律规制，劳动合同法第二十三条、第二十四条较为

---

① 社会保险法第四十二条规定：由于第三人的原因造成工伤，第三人不支付工伤医疗费用或者无法确定第三人的，由工伤保险基金先行支付。工伤保险基金先行支付后，有权向第三人追偿。根据该规定，工伤保险基金赔付的前提是第三人不支付或无法确定第三人。而该条件的满足一般来说必须通过公安、法院等相关部门的确认。因此，该条件实际上比较苛刻，变相的采用了原来的补差模式，不利于受害人及时主张权利。

明确的作了规定。但审判实践中经常争议的是第二十三条规定的补偿方式如果与实际支付方式不一致，用人单位能否请求劳动者承担违约责任。按照第二十三条的规定，用人单位支付经济补偿的方式是"在竞业限制期限内按月给予劳动者经济补偿"。如果用人单位采用一次性的补偿方式，劳动者违反了竞业限制约定的，用人单位能否按照约定向劳动者主张违约金。一种观点认为，既然法律明确规定必须是按月支付，用人单位不能违反法律的规定一次性支付，否则对劳动者不产生拘束力。另一种观点认为，虽然法律规定是按月支付，但只要用人单位实际上对劳动者支付了经济补偿，就应当对劳动者产生拘束，劳动者就应当遵守竞业限制的义务，违反约定的，就应承担违约责任，否则对用人单位不公平。对此，解答第十条采纳了第二种观点，规定用人单位如果在解除或终止劳动合同时，一次性向劳动者支付了竞业限制补偿金的，劳动者违反竞业限制义务时，用人单位可以向劳动者主张违约金。

此次解答还对特殊岗位的加班工资、计件工资制下的加班工资的认定，以及用人单位违法解除劳动合同，劳动者请求撤销解除劳动合同的决定在诉讼程序上应该如何处理等问题作了规定。

道路交通事故损害赔偿纠纷办案指南

梁展欣　编著

深入解析道交司解

着力梳理适用疑难

系统编制术语索引

全面收录相关规范

定价：68.00　异16开

[司法实务问题研究]

民事诉讼鉴定程序启动的
若干理论与实务问题探讨

陈龙业[*]

在科学技术日新月异，经济社会不断平稳快速发展，法院受理的案件案情不断纷繁复杂，给审判工作带来前所未有挑战的背景下，鉴定意见以其严谨的科学性、高度的专业性、明确的指向性发挥着巨大的证明作用。2012 年民事诉讼法对鉴定程序规则的改动较大，其中一个亮点便是将职权主义模式的鉴定启动程序修改为当事人主义为主、职权主义为辅的模式。下面笔者将从民事诉讼模式与鉴定程序启动方式的关系出发，就 2012 年民事诉讼法规定的鉴定启动程序的若干理论与实务问题作一探讨。

一、两大法系中的诉讼模式与鉴定程序的启动

鉴定程序的启动与民事诉讼模式密切相连。不同民事诉讼模式下，相应的鉴定程序启动主体、鉴定人的选任方式存在明显不同。所谓民事诉讼模式，是指民事诉讼制度和程序运作所形成的结构中各种基本要素及其关系的抽象形式。[①] 依照通说，当今世界主要存在当事人主义与职权主义两种诉讼模式，而且当前的发展趋势是两种诉讼模式正在不断走向融合。

一般认为，英美法系国家实行当事人主义的诉讼模式。在此诉讼模式下，

---

[*] 作者单位：最高人民法院研究室。
[①] 江伟主编：《民事诉讼法》，中国人民大学出版社 2007 年版，第 16 页。

当事人在整个诉讼过程中占主导地位，掌握着诉讼进程的主动权，同时承担着调查取证的主要责任，法官在整个过程中仅起到消极的管理和指导作用，很少主动调查取证。"处分权主义和辩论主义是当事人主义的核心和基调。"① 按照处分权主义的要求，当事人在民事诉讼的程序启动、进行、终结和实体上有关诉讼请求的确定、和解、自认等方面拥有自主权。而"民事诉讼法上的辩论主义，系以为裁判基础的主要事实，以当事人主张为限，当事人未主张之事实，法院不得斟酌，当事人自认或不争执之事实无需举证，其有待证据证明之事实，以当事人声明证据为原则。"② 在这种当事人为主导的诉讼模式下，民事诉讼当事人的地位平等，鉴定人被定位于诉讼当事人的科技助手，被称为专家证人（expert witness）。在诉讼进程中，当事人是诉讼程序的主要推动者，在发现、挑选和呈送证据上负有义务并承担相应的不利后果。当事人有权决定是否启动鉴定程序、具体聘请谁作为鉴定专家以及具体的鉴定事项。比如在美国，当事人选定鉴定人是通过委托的方式实现的，采取的是当事人委托鉴定人制度。在立法上不具体确定鉴定人的资格问题，也不将鉴定权固定授予特定的人或特定的机构，即任何人都有可能成为某个案件的鉴定人，只要参与审理有关案件的法官或陪审团认为具备鉴定人资格即可。该鉴定人是由当事人聘请，也是为当事人服务。这一制度使诉讼当事人都有机会聘请有利于己方的专家，拥有平等且充分的程序参予机会。这一程序设置的考虑是，按照程序公正的要求，只有在双方机会均等的前提下，争端双方才更能确信自己受到了公正对待，有关争议结果才更容易得到其自身的满意。这种做法的最大缺陷就在于当事人在"寻购专家"（Expert Shopping）时，往往不是热衷于选择"最好的证人"而不是"最好的科学家"。专家证人是根据当事人指示就技术问题提出意见并服务于委托人。虽然专家证人提供的是科学证据，但事实上专家证据一般皆对委托人有利。而且在这一诉讼模式下鉴定程序也会存在诉讼时间过长、诉讼效率低下、当事人付出成本过高的缺陷。正因如此，英美法系国家也逐步借鉴大陆法系国家的做法，增加法官的职权因素，加强法官对鉴定程序的监督

---

① ［日］高木新二郎：《最新美国民事诉讼》，有斐阁1992年版，第5页。转引自肖建国等：《民事证据规则与法律适用》，人民法院出版社2005年版，第319页。

② 杨建华：《大陆民事诉讼法之比较与评选》（增订版），台湾地区三民书局1994年版。转引自肖建国等：《民事证据规则与法律适用》，人民法院出版社2005年版，第319页。

控制。

与当事人主义相对应的就是职权主义，一般认为大陆法系国家采取此诉讼模式。这一诉讼模式的本质在于，民事诉讼的支配权属于法院，而当事人在诉讼中居于次要的配合地位。职权主义诉讼模式强调在实体法领域实行国家干预主义，赋予有关国家机关正确解决社会冲突的职权和责任，要求有关国家机关依法查明案件事实真相，从而最大限度地保护各种应当受到保护的社会利益。在证据法层面则实行法官依职权探知的形式调查用以证明事实的证据；在程序法领域，由法官主导诉讼的程序，实行职权进行主义。① 它强调法官对鉴定的决定权，更倾向于追求实质公正和效率价值。② 在这一诉讼模式下，鉴定的启动权一般由法官享有，当事人虽然可以向法院申请鉴定，但是，能否被同意也取决于法官。鉴定作为独立的证据方式主要由法官掌握。③ 比如《德国民事诉讼法》第404条规定："鉴定人的选任与其人数，均由受诉法院决定。"第404条之1还规定："法院应对鉴定人的工作给予指导并可对鉴定人工作的种类和范围给予指示。"《日本民事诉讼法》第213条规定："鉴定人，由授许法院、受命法院或受托法官指定。"完全由法官依照职权启动鉴定程序，因为缺乏来自当事人的制约而存在许多问题，比如缺乏当事人的信任、容易滋生司法腐败、当事人缺乏专业知识而使其对鉴定人的询问流于形式等。因此大陆法系国家基于对民事诉讼属于私权行为的本质属性的认识，在不妨碍司法公正的前提下，多从立法上作一些弹性规定，赋予当事人在启动鉴定时享有一定的权利，有条件地允许当事人选任鉴定人，以克服片面追求由法官决定的缺陷。这种有条件的允许往往是建立在事后要经过法院认可基点之上或者当事人之间形成的某种合意，即当事人之间协商一致选任的鉴定人，法院不应再行干涉。④ 比如在德国，鉴定除了法院以职权启动外，还可以因当事人向法院提出鉴定申请并经法院同意而启动，而且双方当事人一致提出某位专家为鉴定人时，法院必须受此选择的约束。在法国，鉴定除法官以职权启动外，也可以由当事人因申请

---

① 肖建国等：《民事证据规则与法律适用》，人民法院出版社2005年版，第319~320页。
② 黄维智：《鉴定结论价值论纲》，载《西南民族大学学报（人文社科版）》2004年12期。
③ 程春华主编：《民事证据法专论》，厦门大学出版社2002年版，第456页。
④ 毕玉谦、谭秋桂、杨路：《民事诉讼研究及立法论证》，人民法院出版社2006年版，第407页。

并经法院同意而启动。①

两大法系的民事诉讼模式各有利弊，当事人主义模式有利于减少法院及法官偏见，更好地发挥当事人的参与作用，从而达到程序公正的目标；职权主义诉讼模式则有助于充分发挥法院和法官行使公权力方面的职能作用，以司法权威为基础，有利于防止虚假证据的出现，也更易于发现客观真实；同时也有利于防止诉讼拖沓，提高诉讼效率，降低当事人诉讼成本。作为民事诉讼模式发展的新动向，即是上述两种模式的有机融合，既要发挥当事人在诉讼中的能动作用，显示程序公正的价值，同时也要发挥法院的职权干预作用，显示诉讼程序的效率价值和其他社会性价值。②

二、我国诉讼模式下鉴定程序启动规则的演进

从历史的角度看，我国民事诉讼的程序模式继承的是前苏联的衣钵，具有鲜明的职权主义色彩。在这种模式下，当事人对于具体诉讼程序的启动、变更和终止并不享有处分权，当事人对于诉讼程序的选择及具体进程的控制方面，并无支配权。但我国民事诉讼模式也并非一成不变，而是伴随我国经济社会的发展变化，作了相应的调整。总体而言，我国民事诉讼模式的发展方向是，法院和法官在诉讼活动中的职权不断弱化，当事人的诉讼主体地位日益增强。

随着经济社会的不断变革、利益格局的深刻调整、思想观念的深刻变化，经济社会中不断出现新的矛盾与纠纷，越来越多的矛盾纠纷以民事案件的方式进入法院。民事诉讼已经成为人们在司法领域表达诉求最为主要的方式和保护自身权利最为主要的渠道。"职权干预在本质上不仅不会维护中立性、平等性和公开性，反而会影响、削弱中立性、平等性和公开性。程序本质是对权力行使的限制，而职权干预的本质是权力的扩张，是权力的反限制。"③ 在这种情况下，我国民事诉讼法确立的职权主义诉讼模式已经越来越不能适应社会发展的要求，需要进行必要的调整。但是，单纯的当事人主义诉讼模式也有明显弊端，其追求的是诉讼的程序公正，却往往会忽视案件的实质公正。实践证明，如果法院完全站在中立立场，在诉讼中采取消极、被动的态度，仅根据当事人

---

① 参见毕玉谦：《民事证据法判例实务研究》，法律出版社 1999 年版，第 231～234 页。
② 参见汤维建主编：《民事诉讼法学》，北京大学出版社 2008 年版，第 65 页、第 67～69 页。
③ 张卫平：《转换的逻辑——民事诉讼体制转型分析》，法律出版社 2007 年版，第 240 页。

民
事
法
律
文
件
解
读

的辩论作出裁判，而不立足于案件是非曲直处理纠纷，在很多情况下往往难以公正、有效地解决民事争议，无法实现诉讼制度设置的目的。当事人未能正确、充分陈述其主张，便可能导致自身的败诉，这就影响了案件的实质公正性。正如美国法官欧文·考夫曼所言，"不受司法人员控制的纯粹的当事人主义诉讼制度，并不是一种自发的保障，它不可能自发地保障获得正义。"① 因此，我国民事诉讼模式确有必要走当事人主义与职权主义有机结合的道路，在不断强化当事人主体地位，使之充分参与程序的同时，合理配置法院在诉讼程序中的权力，形成化解纠纷的合力。

在职权主义模式下，我国有关鉴定程序启动的规则，也具有典型的职权主义特征。原民事诉讼法第七十二条第一款规定："人民法院对专门性问题认为需要鉴定的，应当交由法定鉴定部门鉴定；没有法定鉴定部门的，由人民法院指定的鉴定部门鉴定。"依据本款规定，有关案件专门性问题是否需要鉴定的决定权属于法院；在有法定鉴定部门的前提下，法院要将该专门性问题交给法定鉴定部门；而且在没有法定鉴定的情况下，法院还可以指定鉴定机构。可见，在鉴定程序的启动方面，法院享有完全的支配权和绝对的权威，当事人对此只能处于消极被动之地位。这一鉴定程序启动方式，有利于鉴定程序的迅捷启动且可以排除当事人之间相互扯皮，有利于纠纷尽快解决，减少当事人诉讼成本，在一定时期内具有积极意义。但是随着经济社会发展，法院受理的案件日益纷繁复杂的背景下，这一鉴定启动模式的弊端就愈加明显：（1）该模式具有明显的国家干预色彩，排除了当事人应当享有的鉴定启动权和委托权，剥夺了当事人对与自身利益密切相关事项的处分权，损害了当事人的程序选择权，有违程序公正的要求。（2）由于鉴定意见的结果往往会导致对一方当事人有利，对另一方当事人不利。法院以为人民群众"排忧解难"为出发点，但其主动启动的鉴定程序往往仅对一方有利，在形式上有违其不偏不倚的中立地位，也会使另一方当事人内心会产生法院是帮对方打官司的想法，从而难以对裁判结果心悦诚服，也就不利于其服判息诉，最终影响法院的司法权威和妥

---

① ［美］欧文·考夫曼：《对诉讼有效的司法监督的法哲学分析》。转引自［意］莫诺·卡佩莱蒂等：《当事人基本程序保障权与未来的民事诉讼》，徐昕译，法律出版社 2000 年版，第 136页。

善化解纠纷、维护社会和谐稳定职能作用的发挥。再者，法院径行启动鉴定程序可能违背当事人的意愿，尤其是在没有相关程序规则约束的情况下，也容易导致法院不保持中立，干涉当事人的诉讼权利。甚至个别法院因此对应当鉴定的专门性问题不予鉴定，剥夺了当事人的诉讼权利，导致了部分案件的裁判不公。① 最后，由于法院享有鉴定程序启动的绝对支配权，非常容易诱发权钱交易，滋生司法腐败，从而损害司法公信力。

随着经济社会的不断发展，理论认识的不断深入和审判方式改革的推进，上述鉴定程序的职权启动模式也逐步得到修正和完善。1998 年 7 月实施的《最高人民法院关于民事经济审判方式改革问题的若干规定》第三条规定："下列证据由人民法院调查收集……应当由人民法院勘验或者委托鉴定的；……上述证据经人民法院调查，未能收集到的，仍由负有举证责任的当事人承担举证不能的后果。"这一规定即将鉴定与当事人的证明责任"挂钩"（指由当事人承担鉴定的不利后果），但这仅是一种符合诉讼理性的"宣示"，启动鉴定的主动权仍由法院掌控。② 为"弱化"法院职权，按照程序公正的要求，2001 年，最高人民法院发布了《关于民事诉讼证据的若干规定》（以下简称《证据规定》），充分吸收了大陆法系和英美法系的先进经验，并结合我国的司法传统及实际情况对鉴定程序的启动作了修正。其第二十六条规定："当事人申请鉴定经人民法院同意后，由双方当事人协商确定有鉴定资格的鉴定机构、鉴定人员，协商不成的，由人民法院指定。"依据本条规定，当事人在鉴定程序的启动方面已经有了很大的自主权：

1. 当事人享有了申请鉴定的权利，结合《证据规定》关于"当事人申请鉴定，应当在举证期限内提出"的规定，该申请鉴定的权利与其举证责任密切相连，既赋予了当事人以程序参与权，也尊重了其相应的处分权，符合程序公正的要求。

2. 当事人享有了对鉴定机构及鉴定人员的协商确定权，尊重了当事人的均等参与程序和意思自治的权利。《证据规定》的这一改变，是我国鉴定程序

---

① 王胜明主编：《中华人民共和国民事诉讼法释义》（最新修正版），法律出版社 2012 年版，第 170 页。

② 谌宏伟：《论民事诉讼中司法鉴定程序的启动——以〈关于民事诉讼证据的若干规定〉第 28 条为主要分析对象》，载《中国司法鉴定》2006 年第 4 期。

启动模式从单纯的职权主义向与当事人主义有机融合迈出的坚实一步。

同时，上述规定要求鉴定程序的启动须以法院同意为要件，体现了职权主义与当事人主义的结合，既尊重了当事人的程序权利，也赋予了法院一定的程序监督控制权。

在总结司法实践经验、借鉴国外先进做法的基础上，2012 年民事诉讼法按照当事人主义与职权主义结合的思路，对于鉴定程序的启动作了规定，其第七十六条第一款规定："当事人可以就查明事实的专门性问题向人民法院申请鉴定。当事人申请鉴定的，由双方当事人协商确定具备资格的鉴定人；协商不成的，由人民法院指定。"第二款又规定："当事人未申请鉴定，人民法院对专门性问题认为需要鉴定的，应当委托具备资格的鉴定人进行鉴定。"这是在《证据规定》第二十六条规定的基础上，进一步明确了鉴定程序启动问题上采取以当事人主义为主，以法院职权主义为辅的模式，即充分尊重双方当事人程序上的意思自治，先由双方当事人共同协商确定鉴定人，只有在双方协商不成时才由法院指定。"由双方当事人协商选定鉴定人，是由当事人意思自治原则所决定的，而在此之后由法庭指定鉴定人则是由法庭的中立性所决定的。这种做法一方面既照顾到了在诉讼程序上发挥当事人的主导作用，另一方面又考虑到法官必要时应当行使的程序监督管理权之运用。"[①] "规范的鉴定程序应该是科学、民主、便捷的，并能体现现代诉讼兼顾公正与效率的精神。"[②] 这一当事人主义为主、职权主义为辅的鉴定启动模式，深刻蕴含了法官的中立性、当事人的平等性、程序的参与性等程序公正方面的要求，是民法的意思自治基本精神在民事诉讼领域中的鲜明体现。

三、2012 年民事诉讼法规定的鉴定程序启动的具体规则

（一）关于鉴定程序启动的条件

司法鉴定本质上是一种协助司法机关解决诉讼中某些专门性问题的科学认识活动，旨在补充司法人员专门领域知识之不足，以达到正确判断之目的。它既有科学性的内容，又有法律性的要求，体现了法律性与科学性的统一。就其

---

① 毕玉谦：《关于民事诉讼中鉴定人制度若干问题的探讨》，载《山东警察学院学报》2006 年第 5 期。

② 卞建林、郭志媛：《规范司法鉴定程序之立法势在必行》，载《中国司法鉴定》2005 年第 4 期。

科学性而言，具体的鉴定活动是由掌握专门科学知识和技能的鉴定人运用科学知识、方法、手段，借助科学技术设备进行科学鉴别判断活动；鉴定的结果直接涉及的是从科学角度推理、概括的结论而非法律性的评价。就其法律性而言，鉴定主体必须具有法定资格；鉴定人的鉴定活动不能脱离法律程序；鉴定的结果必须依照法律规定的方式提出并终将被运用到法律性质的活动即诉讼中。[①] 通常而言，启动鉴定程序需要满足以下要求：

1. 须是案件事实认定问题。鉴定程序的启动必须是针对存在着争议的案件事实中的问题。至于法律适用问题，则属于法院依法裁判的范畴，不应纳入鉴定的范围。

2. 须是专门性问题。依据《全国人民代表大会常务委员会关于司法鉴定管理问题的决定》（以下简称《决定》）第一条的规定，司法鉴定是指在诉讼活动中鉴定人运用科学技术或者专门知识对诉讼涉及的专门性问题进行鉴别和判断并提供鉴定意见的活动。基于事实认定属于法院行使审判权方面的重要职责范畴以及鉴定程序的启动对于诉讼进程及诉讼效率的影响等因素的考虑，对于一般性的事实认定问题应当由法官根据举证责任的有关要求，通过法庭调查等程序来予以认定，不可由鉴定程序越俎代庖。

3. 须符合必要性的要求。鉴定所要解决的问题应当是通过其他方式不能解决，只有通过鉴定才能解决的，或者说应当排除以其他低诉讼成本方法查明案件事实的可能性。[②] 比如对于当事人自认的的某争议事实、可以通过当事人举证、质证和辩论等法庭调查认定的事实，则不宜通过鉴定来认定。

（二）关于鉴定程序启动的方式

依照 2012 年民事诉讼法第七十六条的规定，我国采取的是当事人申请为主，法院职权启动为辅的鉴定启动方式。

1. 关于当事人协商的方式

依照当事人的处分权原则，当事人协商确定鉴定人成为启动鉴定程序的首要模式。当然，双方当事人协商确定的鉴定人必须具有相应的鉴定资格。关于

[①] 卞建林、郭志媛：《规范司法鉴定程序之立法势在必行》，载《中国司法鉴定》2005 年第 4 期。

[②] 唐正洪、雷勇：《对民事审判鉴定问题的讨论》，载 http://www.civillaw.com.cn/article/default.asp？id=43236.

协商确定的方式，应尽量尊重和维护当事人的真实意思表示。为防止一方当事人与极少数法官"勾兑"，使"协商不成"成为必然，再由法官指定某些特定鉴定机构的情形出现，以下做法比较科学，可资借鉴：一是双方当事人协商确定适格的鉴定机构；二是申请一方提出几家适格的鉴定机构，供另一方当事人选择；三是由法官选定几个鉴定机构供双方当事人选择；四是上述方法均不能选定鉴定机构时，由法院指定。有的地方采取的先将当事人在一定范围内的候选鉴定人名册各自先确定若干个候选鉴定机构，如果有一个或以上相互重叠的，视为双方协商共同选定。①

2. 关于法官依职权启动的方式

法官依照职权启动鉴定程序，限于以下两种情况：一是双方当事人确实协商不成的情形，这时法院应当按照能动司法的要求，在不至于造成诉讼拖延的情况下，尽量推动当事人协议确定鉴定人，这可以使当事人更能真切感受到司法过程中法院及法官的努力付出，更容易接受鉴定意见以及法院的裁判结果，有利于案结事了目的的实现；对于双方确实不能达成协议又必须进行鉴定的，则应当及时依职权确定鉴定人。二是对于具有鉴定必要性而当事人又未申请鉴定的情形，法院为查明案件事实的需要，也可以依职权启动鉴定程序。

四、鉴定主体的有关要求

（一）关于鉴定主体的范围

一般而言，鉴定人是接受当事人委托或者由法院指派对案件事实中的专门性问题进行科学合理判断的人员。根据原民事诉讼法第七十二条的规定，具有鉴定资格的主体限于"法定鉴定部门或者人民法院指定的鉴定部门鉴定"。依据该条规定，自然人个人被排除在鉴定主体之外。此规定具有鲜明的职权主义色彩，且将鉴定主体的范围限定的非常狭窄，无论在理论上和实务上都受到诟病。此后《证据规定》第二十六条对此范围作了拓宽，当事人可以协商确定鉴定机构及鉴定人员，但对于自然人个人是否能够作为独立的鉴定主体，则未予明确。《人民法院对外委托司法鉴定管理规定》第三条规定："人民法院司法鉴定机构建立社会鉴定机构和鉴定人名册，根据鉴定对象对专业技术的要

① 毕玉谦、谭秋桂、杨路：《民事诉讼研究及立法论证》，人民法院出版社2006年版，第409页。

求，随机选择和委托鉴定人进行司法鉴定。"这一规定在《证据规定》的基础上，对于鉴定人的选任问题，采取了确定鉴定名册的做法。《决定》在沿用鉴定名册做法的同时，明确了鉴定人独立负责的制度。2012 年民事诉讼法第七十六条在此基础之上，取消了原民事诉讼法关于鉴定主体仅限于鉴定机构的做法，以"鉴定人"的概念，将自然人也包括在内。在社会分工越来越精细，科学技术专业程度日益精深的背景下，拓宽鉴定主体范围，使得更多权威专家能够参加到鉴定程序中去，更能保障和提高鉴定意见的公信力，回应和满足司法实践的需求。

（二）关于鉴定人的资质要求

由于鉴定人需要对一些专业性问题发表意见，如上所述，大陆法系国家对于鉴定人的资质往往都有严格要求，我国也不例外。关于鉴定人的资格问题，通常需要具有专门学识、技能和经验。至于确认标准则需要由主管机关或者行会以颁发资格证书、公布专家名单的方式确认，具体考虑有关执业年限、职称及年检情况等因素。依据《决定》第四条的规定，从事司法鉴定业务需要满足的条件是：（1）具有与所申请从事的司法鉴定业务相关的高级专业技术职称；（2）具有与所申请从事的司法鉴定业务相关的专业执业资格或者高等院校相关专业本科以上学历，从事相关工作五年以上；（3）具有与所申请从事的司法鉴定业务相关工作十年以上经历，具有较强的专业技能。（4）没有因故意犯罪或者职务过失犯罪受过刑事处罚的，受过开除公职处分的，以及被撤销鉴定人登记的情形。对于法人或其他组织从事司法鉴定义务，《决定》第五条明确规定："法人或者其他组织申请从事司法鉴定业务的，应当具备下列条件：（一）有明确的业务范围；（二）有在业务范围内进行司法鉴定所必需的仪器、设备；（三）有在业务范围内进行司法鉴定所必需的依法通过计量认证或者实验室认可的检测实验室；（四）每项司法鉴定业务有三名以上鉴定人。"第八条又规定："各鉴定机构之间没有隶属关系；鉴定机构接受委托从事司法鉴定业务，不受地域范围的限制。鉴定人应当在一个鉴定机构中从事司法鉴定业务。"同样在其他领域的鉴定程序当中，也都是对鉴定人的资质有明确要求。比如关于医疗事故的技术鉴定，依据《医疗事故处理条例》第二十三条的规定，负责组织医疗事故技术鉴定工作的医学会应当建立专家库。专家库由具备下列条件的医疗卫生专业技术人员组成：（1）有良好的业务素质和执业品德；（2）受聘于医疗卫生机构或者医学教学、科研机构并担任相应专业高级技术职务3年以上。符合前述第（1）项条件并具备高级技术任职资格的法医可以受聘进入专家库。负责组织医疗事故技术鉴定工作的医学会可以依法聘请医疗卫生专业技术人员和法医进入专家库，可以不受行政区域的限制。

（三）关于鉴定人名册制度

建立鉴定人名册制度，可以使法院或当事人直接从具有相应职称、资格、知识水平、经验的专家中挑选鉴定人，对于方便当事人和法院选择鉴定人以及规范鉴定程序具有积极意义。《人民法院对外委托司法鉴定管理规定》第三条明确规定："人民法院司法鉴定机构建立社会鉴定机构和鉴定人名册，根据鉴定对象对专业技术的要求，随机选择和委托鉴定人进行司法鉴定。"当事人申请并人民法院建立社会鉴定机构和鉴定人名册，实行申报、审批、公正管理，遵循申请自愿原则、择优选录原则、属地登记原则及资源共享原则，这一具有中国特色的司法鉴定人名册制度，既借鉴了大陆法系国家较为通行的规则，又吸纳了英美法系国家遵循当事人主义的做法，实行当事人协商选定和法院依职权在鉴定人名册中随机指定相结合的程序频范，实现对外委托司法鉴定工作公开化、程序化、规范化，是结合我国现行诉讼体制和审判方式改革而进行的司法鉴定体制的改革创新，其重大意义已在实践工作中逐步显现。①《决定》在上述规定的基础上，也明确规定了鉴定人名册制度，其第三条规定："国务院司法行政部门主管全国鉴定人和鉴定机构的登记管理工作。省级人民政府司法行政部门依照本决定的规定，负责对鉴定人和鉴定机构的登记、名册编制和公告。"第六条规定："申请从事司法鉴定业务的个人、法人或者其他组织，由省级人民政府司法行政部门审核，对符合条件的予以登记，编入鉴定人和鉴定机构名册并公告。省级人民政府司法行政部门应当根据鉴定人或者鉴定机构的增加和撤销登记情况，定期更新所编制的鉴定人和鉴定机构名册并公告。"目前，我国逐步建立了不同领域、行业的鉴定人专家名册或专家库，比如前述医疗事故技术鉴定中的专家库等。

---

① 沈德咏：《从审鉴分离到鉴定中立——关于深化司法鉴定体制改革的几点意见》，载《中国律师》2004年第2期。

五、鉴定程序的启动与举证责任承担的相关问题

（一）举证责任的承担规则对当事人申请鉴定的影响

举证责任的承担，尤其是在案件事实真伪不明状态下，败诉风险由谁承担的证明责任问题，直接决定着当事人的诉讼成败问题。2012 年民事诉讼法第六十五条规定："当事人对自己提出的主张应当及时提供证据，未及时提供证据的，人民法院应当责令其说明理由"。在司法实践中有关举证责任承担问题，除了法律及司法解释规定的几种举证责任倒置的例外情形外，通常采取的是"谁主张，谁举证"的做法。在充分尊重当事人在民事诉讼中的主体地位的前提下，举证责任承担的规则，对于鉴定程序的启动具有重要影响。这主要涉及以下三个问题：

1. 关于鉴定申请由哪方当事人提出的问题

在民事诉讼中，作为鉴定的事项也属于待证事实的一种，只是由于涉及专门性问题，超出了法官专业知识范围而必须进行鉴定以查明有关事实真相。通常而言，这些专业性的事实与其他普通案件事实一样，同属于当事人举证责任范畴。除个别情形外，一般都应由当事人提出鉴定申请，提供检材及其他辅助性材料，并预付鉴定费用。法官处于中立地位，不宜代行当事人的诉讼权利，不宜直接介入鉴定事务当中。因当事人不提出鉴定或者提供检材不具备鉴定条件，导致无法作出鉴定意见，而使得待证事实仍处于真伪不明的状态，负有举证责任的一方当事人应当承担相应的不利后果。[①] 在司法实践中，提出鉴定申请的通常是负有举证责任的一方当事人。当然，为了降低或防止自身的败诉风险，非承担举证责任的一方当事人也可能会提出鉴定申请，比如可能承担赔偿责任的一方当事人申请鉴定以确定对方的实际损失。在有人主动申请鉴定的情形下，举证责任分配规则通常处于备而不用的状态。但在当事人都不提出鉴定申请，且双方当事人诉争的事实不经过鉴定又无法认定时，有关举证责任分配的规则就显得尤为重要，这可以直接督促负有举证责任的一方当事人申请鉴定。这时，法院可以根据举证责任分配的要求，向负有举证责任的一方当事人释明，如果该当事人仍不提出鉴定申请，导致诉争事实无法查明真伪，则法院

① 毕玉谦、谭秋桂、杨路：《民事诉讼研究及立法论证》，人民法院出版社 2006 年版，第409 页。

民事法律文件解读

就可以适用举证责任分配规则确定由该当事人承担相应后果。

2. 关于鉴定费用由谁预交的问题

鉴定费一般由申请鉴定的一方预交，但是在申请鉴定一方预交鉴定费确有困难的情况下，尤其针对目前许多领域内鉴定费用居高不下的情形，有必要考虑灵活处理。比如侵权责任法第五十四条明确规定了医疗损害责任采取过错责任原则的背景下，在患者一方负有对医疗机构及其医务人员的诊疗行为是否有过错需要负举证责任时，患者一方本就在经济上处于总体上的弱势地位，如果再由患者一方先行预交高额的鉴定费用，势必会影响其启动鉴定程序的能力，进而因无法启动鉴定程序而根据举证责任分配规则的要求，使其承担败诉后果，则无疑会使其难以接受判决结果，影响办案的法律效果和社会效果。这时，可以考虑认定双方当事人都负有一定程度的举证责任，从而要求他们共同预交鉴定费，或者由支付能力较强的一方先行预交。当然，对于这种情形，应该尽量本着意思自治的考虑，努力促成双方当事人以协商方式解决鉴定费的预交问题。对于当事人确实无法协商一致的，法院需要根据举证责任分配规则来处理案件时，要对此依法审慎处理。

3. 关于鉴材由谁提供的问题

在鉴材的提供上，有时不能严格按照举证责任分配的理论，由负有举证责任的一方当事人提供，因为很显然有时鉴材并不为他所掌握。对于这种情形，应当要求持有鉴材的各方当事人积极履行举证义务，全面收集和完整提供鉴定所需要的相关材料。对于鉴材提供期限，可由当事人协商确定或由法院指定鉴材举证期限，促使当事人在合理期限内积极、全面、正确、诚实地完成举证，降低当事人的诉讼成本，提高诉讼效率。① 如有证据证明一方当事人持有某一鉴材而无正当理由拒不提供，对方当事人主张该鉴定的内容不利于鉴材持有人，在法院依法行使释明权后，其仍拒不提供鉴材时，法院就可以根据案情依法酌定相关案件事实。

---

① 唐正洪、雷勇：《对民事审判鉴定问题的讨论》，载 http://www.civillaw.com.cn/article/default.asp? id=43236.

（二）当事人申请鉴定与举证时限问题

2012 年民事诉讼法对于当事人申请鉴定在内的举证时限未作规定，但对于当事人要及时提供证据有明确规定。依据《证据规定》第二十五条的规定，"当事人申请鉴定，应当在举证期限内提出。""对需要鉴定的事项负有举证责任的当事人，在人民法院指定的期限内无正当理由不提出鉴定申请或者不预交鉴定费用或者拒不提供相关材料，致使对案件争议的事实无法通过鉴定结论予以认定的，应当对该事实承担举证不能的法律后果。"对于该条规定的把握，应当综合考虑具体案情，包括当事人不申请鉴定有无正当理由，预交鉴定费是否存在实际困难、案件处理结果的法律效果及社会效果以及司法公正与效率的平衡等因素。当事人应当在举证时限内申请鉴定是一般原则，但不能绝对化理解。在审判实践中，许多鉴定申请是针对另一方当事人在庭审中出示的证据而提出的，在未组织证据交换的情况下，当事人并不知道对方当事人在庭审中将出示哪些证据，如果当事人对另一方出示的证据的真实性存有异议，只能在质证过程中提出鉴定申请。如果硬性要求申请人在庭审前的举证时限内提出上述鉴定申请，有些脱离诉讼正常进行的实际情况。由于案情的复杂性等原因，在司法实务中，超过举证期限进行鉴定的事例也多有发生，如果一味否定该鉴定意见的证据效力，可能会导致一方当事人因此败诉，但难以服判息诉、案结事了。[①] 笔者认为，对于在举证时限届满前，当事人申请鉴定的事项属于提出反驳证据、相反证据、新的证据范围内的，另一方当事人需要对此问题有无必要进行鉴定有一定的考虑时间，硬性要求其在举证时限内申请鉴定可能会给其造成不必要的经济负担，有违诚实信用原则的要求。因此，对于这种情况，提出鉴定申请的时间应当不宜受原有举证时限的限制。此外，对申请鉴定的事项涉及重大利益的，为平衡双方利益，也有必要由法院在法律规定的框架下，综合考量各种因素，对鉴定申请的时间做一灵活处理。

（三）法院以职权启动鉴定与举证责任分配的平衡问题

2012 年民事诉讼法第七十六条对于法院依职权申请鉴定的情形作出了规定，但是对于法院启动鉴定程序的具体原因及如何选择鉴定人的程序则无明确

---

① 毕玉谦、谭秋桂、杨路：《民事诉讼研究及立法论证》，人民法院出版社 2006 年版，第 405 页。

规定。"对于鉴定机关的选择，在当事人难以达成一致意见时，法院究竟以何依据来指定鉴定机构，并无统一标准。这就会造成当事人对法院指定的鉴定机构缺乏信任，一旦鉴定结论对自己不利，就会猜疑和指责法院的公正性，影响法院最终裁判的公信力。"① 对此，一方面要做好法院依职权启动鉴定程序与合理分配当事人举证责任的平衡问题。如上所述，申请鉴定与当事人的举证责任具有密切联系，不宜由法官依职权主动进行，这也是许多大陆法系国家的通行做法，更是英美法系国家的一贯做法。因此，对于属于当事人举证责任范畴的申请鉴定事项，应当尽量由当事人提出鉴定申请，这样既尊重了当事人的处分权，也避免了法院给一方当事人以帮助另一方当事人的不公正印象。对于"确有必要"由法院启动鉴定程序的情形，也要严格按照法院依职权调查取证的范围，综合考虑案件处理的法律效果和社会效果来确定，不可率性启动鉴定程序，给当事人造成不必要的负担。另一方面，法院选择鉴定人的方法也要做到程序合法和公正，要按照便民利民原则的要求，通过"公平、公正、公开"的程序予以确定。

六、当事人申请鉴定与法院的审查职责

对于当事人申请鉴定及协商确定的鉴定人，法院是否需要审查同意的问题，2012 年民事诉讼法第七十六条并无有关当事人申请鉴定需要法院同意的规定。《证据规定》第二十六条则规定"当事人申请鉴定经人民法院同意后，由双方当事人协商确定有鉴定资格的鉴定机构、鉴定人员"。据了解，在司法实践中确实存在一些当事人提出申请鉴定申请鉴定仅是为了拖延诉讼，有关申请鉴定的问题并非一定要通过鉴定解决或者当事人提出申请鉴定的具体事项并非针对法院需要认定事实、适用法律作出判决的事项。而且由于鉴定占用时间往往较长、鉴定费用较高，为了避免不必要的诉讼拖延及降低当事人诉讼负担，即使在当事人申请鉴定作为鉴定程序基本模式的情况下，法院对于是否启动鉴定程序要进行慎重审查。通常而言，当事人认为需要启动鉴定的，应当向法院提出申请及其理由，法院应当对此进行必要的审查。法院对是否必须进行鉴定进行审查时，不但要考虑有关鉴定的必要性问题，还要考虑有关案件的金

---

① 毕玉谦、谭秋桂、杨路：《民事诉讼研究及立法论证》，人民法院出版社 2006 年版，第409 页。

额和重要性、系争事项的复杂度、快捷审理的要求、各方当事人的财力等。①具体而言，要注意把握以下几点：

1. 对于申请鉴定的专门性问题与案件处理结果之间是否具有关联性的审查问题。《证据规定》第六十六条规定："审判人员对案件的全部证据，应当从各证据与案件事实的关联程度、各证据之间的联系等方面进行综合审查判断。"鉴定意见作为法定证据形式的一种，如果鉴定所要解决的问题与法院认定案件事实、依法作出判决并无关联，则此鉴定程序对于案件处理并无实际意义，这时鉴定程序就不宜启动，以免造成诉讼拖延，给恶意申请鉴定的当事人以可乘之机。

2. 对于申请鉴定的专门性问题，是否能够通过鉴定来解决的审查问题。对于当前科学技术条件下无法通过鉴定解决的问题，不应启动鉴定程序。当然，这需要法官对当前科学技术水平发展的状况及相关鉴定机构的现状有所了解，或者通过必要的方式，咨询有关专家的意见后作出相应的判断。

3. 对于当事人就某专门性问题坚持申请鉴定问题的处理。一种观点认为，法官难以判断当事人的鉴定申请是否符合上述准许鉴定的条件和要求，或者合议庭内部对是否准许鉴定的意见分歧较大，而当事人又坚持鉴定申请的，为了保护当事人的举证权利，可以准许鉴定。② 但在这种情形下，法院应当做好有关审查工作，以免当事人恶意通过鉴定程序达到拖延诉讼的目的，也要做好相关释明工作，尽量减少当事人的诉讼负担。

4. 关于法官释明权的问题。在鉴定程序启动方面，有时需要法官进行必要的释明，比如上述的当事人坚持申请鉴定的情况、当事人协商确定鉴定人等情形都可能需要法官能动的进行释明。在一些具体程序中，由于当事人并非专业人员，其提出申请鉴定的事项可能不够具体、规范，或者与法院需要认定案件事实缺乏针对性，这时就需要法官进行必要的释明，告知当事人对申请鉴定的事项进行必要修正。此外，法院经审查认为不必启动鉴定的情况，也应当向双方当事人说明情况。

---

① 毕玉谦主编：《〈最高人民法院关于民事诉讼证据的若干规定〉释解与适用》，中国民主法制出版社出版2002年版，第225页。

② 唐正洪、雷勇：《对民事审判鉴定问题的讨论》，载 http：//www.civillaw.com.cn/article/default.asp？id＝43236。

民事法律文件解读

七、关于当事人自行委托鉴定的效力认定的问题

当事人自行委托鉴定在司法实践中多有发生。在人民法院受理案件日益纷繁复杂的背景下，当事人自行委托鉴定具有客观上的合理性和必要性，对于充分发挥当事人的主动性、促进诉讼进程顺畅进行、提高诉讼效率具有积极意义。而且随着我国诉讼模式当中更多的体现当事人主义的元素，当事人自行委托鉴定情形更会越来越多。但是，当事人自行委托鉴定也存在着明显的弊端，"对于诉讼单方委托的举证鉴定，其鉴定人的中立性和送检材料的真实性、全面性难免受到质疑。"① 当事人自行委托鉴定的鉴定意见往往也会仅是对委托鉴定的一方当事人有利，其公正性也存在欠缺。正因如此，《证据规定》第二十八条明确规定："一方当事人自行委托有关部门作出的鉴定结论，另一方当事人有证据足以反驳并申请重新鉴定的，人民法院应予准许。"对此，我们应当作以下理解：

1. 关于一方当事人自行委托鉴定后，另一方当事人享有的权利问题。一方当事人自行委托有关部门作出的鉴定意见，另一方当事人有权提出异议，并对此进行质证，在其有证据足以反驳并申请重新鉴定的，人民法院应当予以准许。

2. 对于双方当事人共同自行委托鉴定情形的处理。通常而言，基于当事人的处分权原则，对此情形应当准许。但是人民法院对此应当结合案情进行必要的审查，以避免双方当事人通过虚假诉讼侵害第三人利益情形的出现。

3. 一方当事人自行委托鉴定后，另一方当事人无异议、未质证、质证不充分或者未重新申请鉴定情形的处理。我们认为，对于这种情形也不可轻易认定该自行委托鉴定的鉴定意见的证据效力。一方面，如上所述，要避免虚假诉讼情形的出现；另一方面，当事人是否是基于正当理由没有申请鉴定、此案件是否具有启动鉴定程序的必要性以及人民法院是否必要依照职权启动鉴定程序等问题都要考虑。对案件当中的专业性问题确有必要进行鉴定时，也不能在该当事人没有重新申请鉴定时就径行认定自行委托鉴定的鉴定意见效力，人民法院在此时应当根据案情依照职权启动鉴定程序。

---

① 沈德咏：《从审鉴分离到鉴定中立——关于深化司法鉴定体制改革的几点意见》，载《中国律师》2004 年第 2 期。

八、关于重新鉴定的问题

在涉及鉴定的民事案件当中，重新鉴定程序的存在有现实必要性。从法律层面讲，鉴定意见经过质证后，可能会发现存在严重程序违法等情形，在符合法定条件时，就会涉及重新鉴定的问题。但是我国司法鉴定实践中存在的一个主要问题即重新鉴定申请权的无限制行使，导致同一问题反复鉴定，鉴定意见之间的矛盾不仅无法排除，而且益发复杂。这种多头鉴定、重复鉴定问题，已严重影响了司法鉴定的客观性、科学性和权威性，在一定程度上影响了司法公正，也浪费了相当多的司法资源。[①] 因此，为防止重复鉴定浪费司法资源、造成诉讼拖延问题，《证据规定》第二十七条对重新鉴定问题作出了明确的限定，该条规定："当事人对人民法院委托的鉴定部门作出的鉴定结论有异议申请鉴定，提出证据证明有下列情形之一的，人民法院应以准许：（一）鉴定机构或者鉴定人员不具备相关的鉴定资格的；（二）鉴定机构程序严重违法的；（三）鉴定结论明显依据不足的；（四）经过质证认定不能作为证据使用的其他情形。对有缺陷的鉴定结论，可以通过补充鉴定、重新质证或者补充质证等方法解决的，不予重新鉴定。"根据这一规定，对于一方当事人对鉴定意见有异议并提出重新鉴定申请，应作以下区别对待：

1. 对于上述规定的鉴定机构或鉴定人不具备相关鉴定资质，鉴定程序严重违法，对鉴定依据的技术、理论、操作方法、及其他专业知识等专门性问题提出异议且该鉴定意见明显意见不足，以及过质证认定不能作为证据使用的其他情形，应认定该鉴定书缺乏生效要件和有效要件，视为该"鉴定书"自始不存在，[②] 其鉴定意见也自然不能成立。此时，有异议的一方当事人申请重新鉴定，人民法院应当准许。但在其不申请重新鉴定的情况下，原对鉴定内容负举证责任的一方当事人应当承担继续举证的责任，否则就要承担相应的不利后果，这时为防止诉讼拖延和对司法资源的浪费，启动重新鉴定程序一定要审慎考虑该鉴定对象对全案事实认定的影响、案件处理的法律效果和社会效果、申请鉴定的当事人对《证据规定》第二十七条规定的四种情形的过错程度等因

[①] 卞建林、郭志媛：《规范司法鉴定程序之立法势在必行》，载《中国司法鉴定》2005 年第 4 期。

[②] 李晶、唐滔：《最高院〈证据的若干规定〉中的鉴定书审查、质证规则》，载《中国司法鉴定》2005 年第 2 期。

素，不宜随意再行重新鉴定。在该鉴定对象对于案件事实认定具有实质影响，原申请鉴定人对鉴定人并无资质或鉴定程序违法等情形并无重大过错的情况下，不启动重新鉴定程序会导致双方利益严重失衡而无法实现良好的社会效果和法律效果时，原申请鉴定人申请重新鉴定，人民法院认为确有必要时，也可以启动重新鉴定程序。

2. 对于有缺陷、有瑕疵的鉴定意见，可以通过补充鉴定，重新质证或者补充质证等方法解决，不予重新鉴定。为节约司法资源，防止诉讼拖延，只有在《证据规定》第二十七条规定的四种情形下，才可以启动重新鉴定程序，对于仅存有瑕疵的鉴定意见，可以通过其他方式补救，不必重新鉴定。

3. 关于补充鉴定。补充鉴定是指在并不放弃原鉴定的条件下且在原鉴定的基础上对其中出现的缺乏可靠性、妥当性的个别问题予以复查、修正、充实或进一步加以论证，以便使原鉴定所得出的意见更加完备。① 补充鉴定实际上是作为原有鉴定的继续和延伸，通常仍由原鉴定人进行。在实践中，当人民法院对已作出的鉴定意见经审查如发现下列情形时，可以要求或依照当事人的申请进行补充鉴定：其一，原鉴定意见并未全部、彻底解决有关的所有与待证事实有关的专门性问题；其二，法院在先前委托鉴定时本应提出需要解决的有关专门事项，但限于某种原因和疏忽大意而没有提出；其三，原鉴定意见不够明确、具体等情形。

4. 对于鉴定意见的采信与否也应适用非法证据排除规则。《证据规定》第六十八条将非法证据限定在"以侵害他人合法权益或者违反法律禁止性规定的方法取得的证据"的范围。鉴定意见作为法定证据形式的一种，也应该适用该条规定。按照非法证据排除规则的要求，若鉴定意见是"以侵害他人合法权益或者违反法律禁止性规定的方法取得的证据"，则不能作为认定案件事实的依据。在这种情况下，由于该鉴定意见的取得具有非法性，可以直接排除在有效证据之外，可以不必启动重新鉴定程序。

---

① 毕玉谦：《关于民事诉讼中鉴定人制度若干问题的探讨》，载《山东警察学院学报》2006年第3期。

交强险若干实务问题研究

梁展欣　赵盛和[*]

　　2012 年 12 月 21 日开始施行的《最高人民法院关于审理道路交通事故损害赔偿案件适用法律若干问题的解释》（法释〔2012〕19 号，以下简称《道交司法解释》），是侵权责任法施行后第一部关于道路交通事故损害赔偿的全面的司法解释，在我国道路交通安全管理的制度健全以及道路交通事故损害赔偿相关主体的权益维护等方面，均具有里程碑式的意义。本文将结合该司法解释，就司法实践中涉及交强险的几个实务疑难问题进行探讨，敬请方家批评指正。

一、交强险的基本含义

　　根据道路交通安全法第十七条"国家实行机动车第三者责任强制保险制度，设立道路交通事故社会救助基金。具体办法由国务院规定"的规定，国务院于 2006 年 3 月 21 日颁布《机动车交通事故责任强制保险条例》（以下简称《交强险条例》），后经 2012 年先后两次修订。所谓交强险，是指由保险公司对被保险机动车发生道路交通事故造成本车人员、被保险人以外的受害人的人身伤亡、财产损失，在责任限额内予以赔偿的强制性责任保险（《交强险条例》第三条）；① 其中的强制性，主要是指在我国境内道路上行驶的机动车的

---

　　* 作者单位：广东省高级人民法院。

　　① 《交强险条例》第三条规定："本条例所称机动车交通事故责任强制保险，是指由保险公司对被保险机动车发生道路交通事故造成本车人员、被保险人以外的受害人的人身伤亡、财产损失，在责任限额内予以赔偿的强制性责任保险。"其中的"本车人员、被保险人以外的受害人"，易滋将"本车人员"作为"受害人"的特别类型而予以纳入的歧义，这里依立法原意，将"本车人员"与"被保险人"一并排除出受交强险保护之受害人的范围。

民事法律文件解读

所有人或者管理人应当予以投保，实行统一的保险条款和基础保险费率，被投保人选择的交强险保险公司不得拒绝或者拖延承保（第二条第一款、第六条第一款、第十条第一款）。建立交强险制度的目的，是为了保障机动车道路交通事故受害人依法得到赔偿，促进道路交通安全（第一条）。

在道路交通事故损害赔偿方面，《交强险条例》的核心条文为第二十一条第一款，该款规定："被保险机动车发生道路交通事故造成本车人员、被保险人以外的受害人人身伤亡、财产损失的，由保险公司依法在机动车交通事故责任强制保险责任限额范围内予以赔偿。"该规定与道路交通安全法第七十六条第一款前段的规定基本一致，其要件包括：（1）发生道路交通事故的机动车须已经投保交强险；（2）交强险保险金的赔偿对象，为在事故中遭受损害（即造成"人身伤亡、财产损失"）的除本车人员、被保险人以外的受害人；（3）交强险保险金请求权人的范围，包括受害人和被保险人（第三十一条第一款前段）；（4）交强险保险公司在交强险责任限额范围内进行赔偿，对超出责任限额范围的损失不予赔偿。交强险的责任限额，在全国范围内是统一的；依被保险人在道路交通事故中责任的有无，交强险责任限额分为有责任限额和无责任限额；有责任限额包括死亡伤残赔偿限额、医疗费用赔偿限额、财产损失赔偿限额三种类型（第二十三条第一款）。① 所谓被保险人在道路交通事故中责任的有无，是指被保险人过错的有无。这里对于被保险人有无过错的判断，并不影响对被保险人作为机动车一方承担无过错责任时的归责，而仅仅作为交强险保险公司确定其所应适用之责任限额的考虑因素。②

对于交强险保险公司对受害人赔偿保险金的归责性质，学者多认为系采取无过错责任原则。③ 但是，所谓过错责任原则或者无过错责任原则，其适用对象一般是指实施加害行为的行为人（直接行为人），或者与行为人具有特定关系的其他人（间接行为人）。交强险保险公司向受害人赔偿保险金的基础，是

---

① 《交强险条例》第二十三条第一款规定："机动车交通事故责任强制保险在全国范围内实行统一的责任限额。责任限额分为死亡伤残赔偿限额、医疗费用赔偿限额、财产损失赔偿限额以及被保险人在道路交通事故中无责任的赔偿限额。"

② 有观点认为，这里的有责任限额与无责任限额，更多的是一种政策判断，而与侵权责任无必然联系。

③ 张新宝、明俊：《道路交通安全法中的侵权责任解读》，载《人民法院报》2003 年 11 月 7 日。

其与投保人所订立的交强险合同；该合同的订立具有强制性，而保险公司赔偿保险金则是履行合同项下的给付义务；其给付是针对事故的给付，而非在归责的意义上其本身应承担某种责任。于此间，交强险保险公司并不存在是否有过错的问题，更无所谓承担的是过错责任还是无过错责任的问题。应予说明的是，侵权责任法第四十八条和《交强险条例》第二十二条第二款规定中有包括交强险保险公司在内的各相关主体"承担赔偿责任"一说，只是立法技术上的概括性表达，而非在严格意义上使用"责任"的术语。

二、交强险保险金请求权人的范围

对于交强险保险金请求权人的范围，《交强险条例》第二十八条前段和第三十一条第一款前段作有不相同的规定。前者规定："被保险机动车发生道路交通事故的，由被保险人向保险公司申请赔偿保险金。"后者规定："保险公司可以向被保险人赔偿保险金，也可以直接向受害人赔偿保险金。"此二规定表面上的矛盾，在于受害人能否越过被保险人这一交强险合同之当事人，直接向交强险保险公司请求赔偿保险金。对此，学说上有肯定说①和否定说②两种观点。笔者认为，上述二规定的角度并不相同，被保险人和受害人系分别依不同的请求权基础向交强险保险公司请求赔偿保险金：被保险人的请求权基础为交强险保险合同，受害人的请求权基础为道路交通安全法第七十六条第一款前段的规定。于此，受害人可以直接向交强险保险公司请求赔偿保险金，这是由交强险作为一种社会损失的分担机制的性质所决定的。因此，交强险保险金请求权人应包括被保险人和受害人。

在司法实践中，交强险保险公司能否以其已向被保险人理赔为由对抗受害人的保险金赔偿请求权，不无疑问。对此，《道交司法解释》第二十五条第一款规定："人民法院审理道路交通事故损害赔偿案件，应当将承保交强险的保险公司列为共同被告。但该保险公司已经在交强险责任限额范围内予以赔偿且

---

① 张新宝：《道路交通事故责任归责原则的演进与〈道路交通安全法〉第76条》，载《法学论坛》2006年第2期；赵盛和：《试论责任保险制度中受害人对保险公司的直接请求权——以机动车交强险和三者险为研究对象》，载《商事法律文件解读》2011年第9辑（总第81辑），人民法院出版社2011年版。

② 汪炜：《析我国机动车交通事故责任强制保险制度》，载《武汉理工大学学报（社会科学版）》2006年第6期。

当事人无异议的除外。"其中后段规定的"保险公司已经在交强险责任限额范围内予以赔偿且当事人无异议",实际上是排除了交强险保险公司以已向被保险人理赔为由对抗受害人的保险金赔偿请求权的可能。人民法院原来的观点，一般是如果交强险保险公司已经在其责任限额范围内予以赔偿的，即使其赔偿的对象为被保险人，仍然驳回受害人的诉讼请求，而要求受害人只能向被保险人索赔。例如，在陈某诉高某、朱某和某保险公司道路交通事故损害赔偿纠纷案中，朱某驾驶甲机动车（车主为高某）与陈某驾驶的乙机动车（车主为陈某本人）发生碰撞，造成朱某及乙车乘客苏某受伤、两车损坏的交通事故。交警部门作出的交通事故认定书认定朱某承担事故的全部责任。甲机动车在某保险公司购买了交强险和商业三者险。事后，高某以假机动车维修发票等材料向某保险公司申请交强险和商业三者险理赔，某保险公司审核未发现高某提供的机动车维修发票系假发票，已经向高某进行了理赔，其中包括属于交强险财产损失责任限额的 2000 元。后因高某、朱某下落不明，陈某无法索赔，遂以高某、朱某和某保险公司为被告提起诉讼，要求对其损害承担赔偿责任。人民法院认为，在交通事故发生后，对于是向被保险人还是受害人赔偿保险金，保险公司有选择的权利，保险公司在向被保险人或受害人任何一方赔偿保险金后，其就不再对另一方承担赔偿保险金的义务。因此，驳回原告陈某的诉讼请求。①

依《道交司法解释》第二十五条第一款的规定，即使交强险保险公司已向被保险人理赔，但只要受害人向交强险保险公司请求赔偿保险金，即构成所谓当事人有异议，交强险保险公司仍得作为本案被告，应向受害人赔偿保险金；对于超出责任限额范围的部分，受害人可以向被保险人追偿。首先，交强险制度设立的重要目的是保障受害人能够及时得到救助，如果允许交强险保险公司在被保险人向受害人赔偿之前就向被保险人给付保险金从而免除其对受害人的给付义务，则很可能出现被保险人在获得交强险保险公司理赔后拒绝向受

<hr>

① 参见最高人民法院民一庭：《保险公司能否以向被保险人理赔为由对抗受害人的交强险赔偿请求权》，载《民事审判指导与参考》2010 年第 2 集（总第 42 集），法律出版社 2011 年版，第 159～162 页（执笔人赵盛和、王林清）。

害人赔偿，导致受害人的权益得不到救济的情况。① 其次，依道路交通安全法第七十六条第一款、《交强险条例》第二十一条第一款的规定，受害人均享有对交强险保险公司的直接的请求权，而交强险保险公司向被保险人理赔这一事实，并非可以免除其对受害人承担赔偿责任的法定事由，保险公司不能以此为由对抗受害人的赔偿请求权。再次，依保险法第六十五条第三款"责任保险的被保险人给第三者造成损害，被保险人未向该第三者赔偿的，保险人不得向被保险人赔偿保险金"的规定，保险公司向被保险人赔偿保险金的前提条件，是被保险人已向受害人赔偿，如果被保险人未向受害人赔偿的，保险公司不得向被保险人赔偿保险金。该规定既适用于商业三者险，也应适用于交强险。

三、交强险中精神损害赔偿的赔偿次序

对于交强险赔偿项目中的精神损害赔偿的赔偿次序，《道交司法解释》第十六条第二款规定："被侵权人或者其近亲属请求承保交强险的保险公司优先赔偿精神损害的，人民法院应予支持。"其中涉及到交强险与商业三者险的比较及其功能衔接。交强险与商业三者险的区别之一，是保险公司在责任限额内赔偿的具体范围是不同的：在交强险中，精神损害是包括在交强险责任限额范围内，可以由保险公司予以赔偿的；在商业三者险中，精神损害一般是须经特约方予赔偿的项目，保险公司在制定保险合同条款时一般将其列为免赔项目。在司法实践中，在机动车同时投保交强险和商业三者险的情况下，特别是在受害人的损害超过交强险责任限额（主要是死亡伤残赔偿限额）范围时，精神损害是否优先由交强险保险公司予以赔偿，对于保险公司和被保险人的权益有很大影响，主要有三种观点：

1. 精神损害优先由保险公司在交强险责任限额内予以赔偿，而那些超过交强险责任限额的财产损失，则由被保险人赔偿之后，另行向商业三者险保险公司理赔。这种观点对被保险人有利，被保险人基本上持此观点。

---

① 我国台湾地区"汽车强制保险法"第28条规定了受益人向保险人的直接给付请求权，其理由为："一般责任保险在'保险法'第三章第四节规定之限制下，受害人不得直接请求保险人给付，仅得对被保险人请求损害赔偿，被保险人为赔偿后再向保险人请求给付保险金，形成辗转请求之情形，对受害人殊为不利。为排除此一限制，本条明定受益人对保险人之直接给付请求权，使受害人或受益人除得依民法侵权行为之规定请求加害人赔偿外，亦得直接向保险人请求给付保险金，从而迅速获得保障。"转引自江朝国编著：《强制汽车责任保险法》，中国政法大学出版社2006年版，第206页。

2. 精神损害不由保险公司在交强险责任限额内予以赔偿，而是由被保险人负责赔偿。被保险人赔偿受害人精神损害后，一般无法依商业三者险保险合同向保险公司理赔该项目。这种观点对被保险人不利，而对商业三者险保险公司有利。保险公司基本上持这种观点。

3. 精神损害是否由交强险保险公司予以赔偿，由受害人自行选择决定。最高人民法院原来采此观点。《最高人民法院关于财保六安市分公司与李福国等道路交通事故人身损害赔偿纠纷请示的复函》（〔2008〕民一他字第25号）指出："《机动车交通事故责任强制保险条例》第3条规定的'人身伤亡'所造成的损害包括财产损害和精神损害。""精神损害赔偿与物质损害赔偿在强制责任保险限额中的赔偿次序，请求权人有权进行选择。请求权人选择优先赔偿精神损害，对物质损害赔偿不足部分由商业第三者责任险赔偿。"《道交司法解释》第十六条第二款延续了该观点。

笔者认为，上述三种观点均有一定的道理，但相比较而言，第1种观点更值得肯定。首先，精神损害优先纳入交强险责任限额范围内赔偿是交强险双重功能的具体体现。不论是交强险还是商业三者险，均具有双重的功能：一是使受害人能够及时得到救济，即保护受害人；二是分散被保险人的风险，即保护加害人。两者的区别仅在于侧重点不同而已。对于交强险来说，其首要的目的当然在于保护受害人，但其具有的分散被保险人风险的功能不容否定，毕竟，交强险的保险费用是由被保险人方缴纳的。显然，上述三种观点均不会损害受害人的利益，但只有第1种观点能够在保护受害人的同时分散被保险人的风险，进而实现交强险制度的双重功能。其次，精神损害优先纳入交强险责任限额内赔偿更有利于实务操作。第3种观点至少存在以下两个方面的问题：其一，由于上述三种观点对受害人均不会产生不利的影响，对这一问题真正关心的是被保险人和保险公司，而不是受害人，故受害人对行使该项"选择权"并无任何动力。其二，这种模式加重了法官的释明负担。在受害人对"选择权"不置可否或者拒绝行使的情况下，法官依然面临如何解决该争议的问题。因此，这种观点既无端增加了司法的成本，又提高了纠纷解决的难度。

四、《交强险条例》第二十二条第一款之理解

对于《交强险条例》第二十二条第一款规定的三种情形是否为交强险保险

公司承担除垫付抢救费用以外的责任的免责事由，实践中争议很大。该条规定："有下列情形之一的，保险公司在机动车交通事故责任强制保险责任限额范围内垫付抢救费用，并有权向致害人追偿：（一）驾驶人未取得驾驶资格或者醉酒的；（二）被保险机动车被盗抢期间肇事的；（三）被保险人故意制造道路交通事故的。""有前款所列情形之一，发生道路交通事故的，造成受害人的财产损失，保险公司不承担赔偿责任。"以此为基础，《道交司法解释》第十八条规定："有下列情形之一导致第三人人身损害，当事人请求保险公司在交强险责任限额范围内予以赔偿，人民法院应予支持：（一）驾驶人未取得驾驶资格或者未取得相应驾驶资格的；（二）醉酒、服用国家管制的精神药品或者麻醉药品后驾驶机动车发生交通事故的；（三）驾驶人故意制造交通事故的。""保险公司在赔偿范围内向侵权人主张追偿权的，人民法院应予支持。追偿权的诉讼时效期间自保险公司实际赔偿之日起计算。"其中，明确了如下诸端内容：

1. 交强险保险公司对因事故侵害受害人的人身权益所造成的损害承担赔偿责任，而非仅仅垫付抢救费用。《道交司法解释》第十八条规定虽以《交强险条例》第二十二条规定为基础，但不限于其条文之表面文义，而系直指其规范之核心——优先救济受害人所遭受之人身损害。从设立交强险制度的目的来看，主要是为了更大限度地保护受害人的合法权益，将事故损失向社会分散的一种社会分担机制。在被保险人故意或者无证、醉酒驾驶等情形发生交通事故导致他人人身伤亡的情形下，如果使交强险保险公司免责，显然与交强险制度的目的相违背。[1] 例如，在古武军诉贺小云、中国人民财产保险股份有限公司深圳市分公司道路交通事故损害赔偿纠纷案中，其"裁判要旨"指出："机动车驾驶人醉酒驾车发生道路交通事故，保险公司在机动车交通事故责任强制保险责任限额范围内垫付抢救费用，并有权向致害人追偿，但对于受害人的财产损失，保险公司不承担赔偿责任。由于交强险（指《交强险条例》——引

---

[1] 作为参考，我国台湾地区"强制汽车责任保险法"第二十九条规定："被保险人有下列情事之一，致被保险汽车发生汽车交通事故者，保险人仍应依本法规定负保险给付之责。但得在给付金额范围内，代位行使请求权人对被保险人之请求权：一、饮用酒类或其他类似物后驾驶汽车，其吐气或血液中所含酒精浓度超过道路交通管理法规规定之标准。二、驾驶汽车，经测试检定有吸食毒品、迷幻药、麻醉药品或其他相类似管制药品。三、故意行为所致。四、从事犯罪行为或逃避合法拘捕。五、违反道路交通管理处罚条例第二十一条或第二十一条之一规定而驾车。""前项保险人之代位权，自保险人为保险给付之日起，二年间不行使而消灭。"

民事法律文件解读

者注）的上述规定没有明确免除保险公司对人身伤亡和医疗费用赔偿的义务，故醉酒驾驶造成第三人伤亡的人身损害赔偿属于交强险赔偿范畴。"①

依《道交司法解释》第十四条第二款的规定，道路交通安全法和《交强险条例》中的"财产损害"系采取来源界定，是指道路交通事故侵害受害人的财产权益。因此，该款规定的意思是指交强险保险公司对特定情形下的道路交通事故侵害财产权益而产生的财产损失不承担赔偿责任，而不是指对侵害人身权益而产生的财产损失不承担赔偿责任。这就改变了原来《最高人民法院关于如何理解和适用〈机动车交通事故责任强制保险条例〉第二十二条的请示的答复》（〔2009〕民立他字第42号）中所示"同意你院（指安徽省高级人民法院——引者注）审判委员会的少数人意见"的观点。该观点认为："对《条例》（指《交强险条例》，下同——引者注）第二十二条中的'财产损失'应作广义理解。从《最高人民法院关于审理人身损害赔偿案件适用法律若干问题的解释》第一条'因生命、健康、身体遭受侵害，赔偿权利人起诉请求赔偿义务人赔偿财产损失和精神损害的，人民法院应予受理'的规定来看，'财产损失'系指与精神损害相对应的广义上的财产损失，因此，《条例》第二十二条的免赔范围包括因人身伤亡产生的各项经济损失，如伤残赔偿金、死亡赔偿金等。"

2. 在下列情形下，交强险保险公司对因事故侵害人身权益所造成的损害在交强险责任限额范围内予以赔偿：

（1）将《交强险条例》第二十二条第一款第一项规定中的"驾驶人未取得驾驶资格"，依目的性扩张解释为驾驶人未取得驾驶资格或者未取得相应驾驶资格。

（2）将《交强险条例》第二十二条第一款第一项规定中的"醉酒"，依目的性扩张解释至服用国家管制的精神药品或者麻醉药品后驾驶机动车发生交通事故的情形。

（3）将《交强险条例》第二十二条第一款第三项规定中的"被保险人故意制造道路交通事故"，依目的性扩张解释为驾驶人故意制造交通事故。盖因

---

① 赖建华：《醉酒驾驶的交强险赔付问题》，载李华楠主编：《民事审判法官的逻辑与经验——深圳法院民事疑难案例解析》，人民法院出版社2011年版，第214～220页。

被保险人仅指投保人及其允许的合法驾驶人（第四十二条第二项），但如果遇有非正当驾驶人，如《道交司法解释》第二条规定中的"未经允许驾驶他人机动车"的情形，则交强险保险公司仍应承担赔偿责任。

3. 对于《交强险条例》第二十二条第一款第二项规定的"被保险机动车被盗抢期间肇事的"情形，《道交司法解释》第十八条规定予以忽略。表面看来，是由于作为上位法的侵权责任法对此作有专门规定，该法第五十二条规定："盗窃、抢劫或者抢夺的机动车发生交通事故造成损害的，由盗窃人、抢劫人或者抢夺人承担赔偿责任。保险公司在机动车强制保险责任限额范围内垫付抢救费用的，有权向交通事故责任人追偿。"一方面，机动车被盗抢后，其使用人随即发生变化，原使用人以及车主均无须依同法第四十九条后段的规定向受害人承担赔偿责任，而应由被盗抢期间的使用人（非正当使用人，法条表述为"盗窃人、抢劫人或者抢夺人"）向受害人承担赔偿责任。另一方面，在机动车被盗抢期间肇事的情形下，如果该车已经投保交强险的，交强险保险公司应否向受害人予以赔偿，不无疑问。仅依《交强险条例》第二十二条的规定，在该车造成受害人人身损害的情形下，由交强险保险公司在交强险责任限额范围内予以赔偿。基于《道交司法解释》第十八条规定对该种情形系有意识的忽略，而在侵权责任法中立法者对该种情形也采取"有意识的沉默"，可以认为立法者已通过沉默表达了自己的意思，其立法不具有违反计划性，因而不构成法律漏洞，允许作反面解释而排斥类推适用。① 因此，对该种情形，应不再循《道交司法解释》第十八条规定的路径对该种情形作出解释。在该种情形下，交强险保险公司对事故侵害受害人的财产权益的情况免责，对侵害受害人的人身权益的情况，仅须垫付抢救费用并得向加害人追偿之，而无须向受害人承担其他人身损害赔偿责任。

五、多车事故的交强险赔偿规则

《道交司法解释》第二十一条规定："多辆机动车发生交通事故造成第三人损害，损失超出各机动车交强险责任限额之和的，由各保险公司在各自责任限额范围内承担赔偿责任；损失未超出各机动车交强险责任限额之和，当事人

---

① 参见［德］拉伦茨：《法学方法论》，［日］米山隆译，日本劲草书房版，第563页；转引自梁慧星：《民法解释学》，中国政法大学出版社1995年版，第256页。

请求由各保险公司按照其责任限额与责任限额之和的比例承担赔偿责任的，人民法院应予支持。""依法分别投保交强险的牵引车和挂车连接使用时发生交通事故造成第三人损害，当事人请求由各保险公司在各自的责任限额范围内平均赔偿的，人民法院应予支持。""多辆机动车发生交通事故造成第三人损害，其中部分机动车未投保交强险，当事人请求先由已承保交强险的保险公司在责任限额范围内予以赔偿的，人民法院应予支持。保险公司就超出其应承担的部分向未投保交强险的投保义务人或者侵权人行使追偿权的，人民法院应予支持。"该规定明确了多辆机动车发生交通事故时交强险保险公司的赔偿规则。

1. 各机动车均投保交强险的，各交强险保险公司应如何予以赔偿？理论上主要有一份赔偿说和数份赔偿说两种观点。前者认为，已投保交强险的数车共同肇事，但不论受害人所遭受的损害有多大，其最多只能获得一份交强险保险金的赔偿，即各交强险保险公司只在一份交强险保险金的范围内对受害人连带赔偿。后者则认为，交强险是被保险人担心负担的责任过重而寻求的保障，因而在事故发生时，每个被保险人均须赔偿各自责任限额范围内的交强险保险金，即受害人可以在责任限额乘以共同侵权被保险机动车的数量的范围内获得赔偿。①《道交司法解释》第二十一条第一款规定采纳了后一种观点。理由主要有：首先，数份赔偿说有利于维护受害人的权利。一份赔偿说虽然在形式上不会损害受害人的权利，但相比较而言，保险公司较一般的赔偿义务人的财力雄厚得多，由保险公司承担责任较由其他赔偿义务人承担赔偿责任，对受害人更为有利。其次，交强险的制度功能，不仅仅在于保护受害人的利益，同时还在于维护被保险人的利益。相比较而言，数份赔偿说较一份赔偿说对于被保险人更为公平。再次，我国交强险的责任限额较低，而保费相对较高，即高保费、低保障，故即使采取数份赔偿说，仍能保障保险公司的交强险业务处于不亏损的状态。

《道交司法解释》第二十一条第一款规定区分为两种情形：（1）受害人的损失超出各机动车交强险责任限额之和的，由各交强险保险公司在各自责任限额范围内予以赔偿。需要说明的是，考虑到《交强险条例》将责任限额划分

---

① 参见江朝国编著：《强制汽车责任保险法》，中国政法大学出版社2006年版，第239~240页。

为有责任限额和无责任限额两类，而在数车共同肇事的情况下，会出现数车均有责任和部分车辆有责任而其他车辆没有责任的两种情况，故在处理该类问题时，还应当区分不同的情况下分别处理：一是数机动车均有责任的，由各保险公司在各自的有责任限额范围内予以赔偿；二是部分机动车有责任而其他机动车没有责任的，由有责任的机动车在有责任限额范围内予以赔偿，无责任的机动车在无责任限额范围内予以赔偿。（2）受害人的损失未超出各机动车交强险责任限额总额的，由各交强险保险公司按照各自的责任限额与责任限额之和的比例予以赔偿。

2. 已分别投保交强险的牵引车和挂车连接使用时发生交通事故的，各交强险保险公司应如何予以赔偿？主要有牵引车责任限额为限说和两车责任限额之和说两种观点。前者认为，挂车投保后与牵引车视为一体，挂车引起的赔偿责任视同牵引车引起的赔偿责任。保险人对挂车赔偿责任与牵引车赔偿责任所负赔偿金额之和，以牵引车赔偿限额为限。① 后者认为，两车的交强险保险公司应在各自责任限额范围内对受害人予以赔偿。其理由与上述《道交司法解释》第二十一条第一款的规定相一致，既然牵引车与挂车均参加了交强险，即缴纳了多份保险费，而保险公司却仅在一份责任限额范围内予以赔偿，其权利与义务明显不对等，与交强险制度的基本原理相悖。②

《道交司法解释》第二十一条第二款规定采纳两车责任限额之和说，同时明确在两车交强险责任限额之和超过所应赔偿的损害的，两车各自的交强险保险公司分别在其责任限额范围内赔偿一半的损害（即所谓"平均赔偿"）。如果损害大于两车责任限额之和的，两保险公司则实际上均应当在交强险责任限额范围内对受害人承担赔偿责任。这是符合目前交强险的理赔实务的。《中国保险监督管理委员会转发交通运输部等五部委关于促进甩挂运输发展的通知》（保监厅发〔2010〕11号）规定："对于主车和挂车在连接使用时发生交通事

---

① 参见已根据《中国保险监督管理委员会关于废止部分规范性文件的通知》（保监发〔2005〕18号）而被废止的《中国保险监督管理委员会机动车辆保险条款及解释》（保监发〔2000〕102号）第九条第三项。但是，在目前各大保险公司的商业三者险保险条款中，仍保留有该规定。

② 赵盛和：《〈机动车交通事故责任强制保险条例〉若干争议问题解析——兼论〈道路交通安全法〉第七十六条》，载《民事法律文件解读》2011年第12辑（总第84辑），人民法院出版社2011年版。

故的，要严格按两个责任限额累加进行赔付。"

需要指出的是，我国正在探索实行甩挂运输，即牵引车按照预定的运行计划，在货物装卸作业点甩下所拖的挂车，换上其他挂车继续运行的运输组织方式。《交通运输部等五部委关于促进甩挂运输发展的通知》（交运发〔2009〕808 号）中指出：由于挂车不具备动力，具有"可移动的集装箱"的属性，在车辆保险方面，应研究调整挂车交强险，科学设定征收对象。2012 年 12 月 17日国务院第二次修订《交强险条例》，增设第四十三条规定："挂车不投保机动车交通事故责任强制保险。发生道路交通事故造成人身伤亡、财产损失的，由牵引车投保的保险公司在机动车交通事故责任强制保险责任限额范围内予以赔偿；不足的部分，由牵引车方和挂车方依照法律规定承担赔偿责任。"据此，自该修订生效时（2013 年 3 月 1 日）起，挂车依法不再需要投保交强险，即已经缺乏依法投保交强险这一前提，也就不存在《道交司法解释》第二十一条第二款规定的"各保险公司在各自的责任限额范围内平均赔偿"的问题了。

3. 部分机动车未投保交强险的，应先由交强险保险公司在责任限额范围内就全部损害予以赔偿。对于未投保交强险的机动车肇事而造成的损害，交强险保险公司有权就超出其应予赔偿的部分，向未投保交强险的投保义务人或者加害人追偿。这是因为，投保交强险是机动车所有人或管理人的法定义务，尽管交强险保险公司为保障受害人的利益而先予赔偿，但不能因此而免除投保义务人的投保义务。同时，交强险保险公司所赔偿的超出其应承担的部分，本来系应由未投保交强险的投保义务人和加害人分别依违反保护他人之法律（侵权责任法第六条第一款、《道交司法解释》第十九条）和机动车交通事故责任（侵权责任法第四十八条、道路交通安全法第七十六条第一款）的规定承担侵权责任，交强险保险公司就其承担的本应由投保义务人承担的赔偿责任，有权向投保义务人追偿。

[新类型疑难案例选评]

龙庆公司诉远创公司侵害
注册商标专用权纠纷案

王　姝　贾友成*

【裁判要旨】

在商标近似侵权判定中，从制止商标侵权的目的是禁止市场混淆的前提出发，只有构成混淆性近似，才能构成商标侵权判定中的近似，而不仅仅是商标各要素在事实上的近似。在判断混淆或混淆的可能性时，不能仅比对商标或标识本身的近似性，还应当考量商标或标识整体的使用环境和状态、被诉侵权人的主观意图等因素，进行公平合理的判断。

【案情】①

原告：龙庆物业发展（重庆）有限公司（以下简称龙庆公司）。

被告：重庆协信远创房地产开发有限公司（以下简称远创公司）。

虹活有限公司是第 779256 号文字商标"时代广场"的权利人，该注册商标核定服务项目第 36 类，包括不动产出租和管理。2002 年 4 月 30 日，虹活有限公司授权龙庆公司使用"时代广场"注册商标。龙庆公司获得授权后将其开发的位于重庆市渝中区青年路 5 号的地产项目命名为"（重庆）时代广场"。2011 年 9 月 16 日，虹活有限公司授权龙庆公司处理"时代广场"商标在重庆

---

* 作者单位：重庆市第五中级人民法院。

① 案号　一审：(2012) 渝五中法民初字第 143 号

区域内被侵权使用的相关事务，授权范围包括受托人有权提起诉讼。2011 年 10 月 18 日，重庆时代广场重新装修后开业，众多新闻媒体对重庆时代广场的开幕仪式进行了报道；随后，重庆时代广场陆续推出一系列的商业和宣传活动，还派出工作人员在轻轨入口及商场大门口处派发宣传单进行广告宣传和市场宣传。2011 年 10 月 28 日，远创公司开发建设的协信·星光时代广场正式营业，该商场前方立柱有"协信·星光时代"字样，建筑物玻璃外墙上有"星光时代广场"文字与图形组合标识。协信·星光时代广场开业前后，《重庆晨报》《重庆晚报》等媒体以"协信星光闪耀时刻"、"协信星光系商业发力"为标题进行了报道。远创公司还与重庆高捷轻轨广告有限公司签订合同，约定轻轨 3 号线南坪车站缀名名称为"协信星光时代"，轻轨列车到南坪站时，语音报站系统播报："南坪 – 协信星光时代到了"。龙庆公司认为远创公司擅自使用"时代广场"商标，在相同的服务范围内使用近似的名称，造成了相关公众的混淆和误认，侵害了龙庆公司的合法权益，遂诉至法院，请求判令远创公司停止侵权并赔偿 50 万元。

【审判】

重庆市第五中级人民法院认为，原告请求保护的商标"时代广场"取得了国家商标局的商标注册证，符合商标法所规定的显著性特征。虽然原告请求保护的文字商标"时代广场"为繁体字，但由于该商标的权利人虹活有限公司的住所地在香港，使用繁体字符合香港的习惯。龙庆公司经虹活有限公司许可使用"时代广场"商标，其作为内地的公司，使用该注册商标的简化字亦符合内地的习惯。因此，龙庆公司使用注册商标"时代广场"的简化字"时代广场"，或者以"重庆时代广场"的标识进行使用的行为，属于对其享有权利的"时代广场"注册商标正当、合理的使用行为，且简化字"时代广场"亦在文字商标"时代广场"的权利边界之内，故远创公司关于原告请求保护的商标不具有显著性、原告使用简化字不属于商标使用行为的答辩理由，法院不予支持。

关于被诉标识"星光时代广场"与原告请求保护的注册商标是否构成近似的问题。商标法第五十二条第（一）项规定："未经商标注册人的许可，在同一种商品或者类似商品上使用与其注册商标相同或者近似的商标的"，构成侵犯注册商标专用权的行为。《最高人民法院关于审理商标民事纠纷案件适用法律若干问题的解释》第九条第二款规定："商标法第五十二条第（一）项规定的商标近似，是指被控侵权的商标与原告的注册商标相比较，其文字的字形、读音、含义或者图形的构图及颜色，或者其各要素组合后的整体结构相似，或者其立体形状、颜色组合近似，易使相关公众对商品的来源产生误认或者认为其来源与原告注册商标的商品有特定的联系。"因此，从制止商标侵权的目的是禁止市场混淆的前提出发，只有构成混淆性的近似，才能构成商标侵权判定中的近似。就本案而言，龙庆公司主张权利的商标为文字商标"时代广场"，远创公司使用的标识主要有"协信·星光时代"、"协信·星光时代广场"、"星光时代·星动重庆"文字标识以及双"S"图形及"星光时代广场"文字与英文"starlight place"的两种组合标识等共5种使用方式。龙庆公司认为含有"星光时代广场"字样的标识与其请求保护的注册商标相似。重庆市第五中级人民法院认为，就"星光时代广场"文字而言，虽然其包含了原告请求保护的商标的全部文字，在文字上具有一定近似性，但仅仅比对标识文字部分本身的近似性是不够的，还应当综合考量远创公司的主观意图、标识整体的使用环境和状态等因素，结合相关市场实际情况，进行公平合理的判断。首先远创公司在其建筑物前醒目位置有"协信·星光时代"字样，结合远创公司在轻轨三号线南坪站语音播报系统中实际播报站名为"南坪－协信星光时代"的实际，证明远创公司使用的标识主要含义在于突出"协信·星光时代"。远创公司虽然使用了含有"星光时代广场"文字字样的标识，但使用时并未将"时代广场"的文字部分突出使用。因此，远创公司的行为不属于刻意模仿知名商标或品牌的行为，其主观上并无利用原告请求保护的商标的声誉和知名度，也没有故意造成消费者混淆、误认的主观意图。其次，"星光时代广场"开业之后，无论是远创公司的宣传，还是媒体的报道，均称"星光时代广场"同"星光68广场"一样，同属协信集团的"星光系列"项目，远创公司使用"星光时代广场"的方式是"星光时代"＋"广场"，而"广场"属于通用词语，原告亦承诺放弃"广场"两字的专用权。再次，"星光时代广场"文字与其他元素一起构成一个整体标识，故不能单纯就"星光时代广场"文字与文字商标"时代广场"进行比对，还应当就诉争标识的整体与原告请求保护的注册商标进行比对。从远创公司使用标识的整体情况来看，标识

"协信·星光时代广场"中在"星光时代广场"前加有"协信"商标；组合标识"星光时代广场"的两种使用方式中，虽然双"S"图形的位置有所不同，但两种使用方式中均有双"S"图形标识，且双"S"图形标识处于整个标识组合中的醒目位置，占据标识的主要部分，并与英文"starlight place"组合使用，且英文"starlight place"的中文含义与其使用方式为"星光时代"＋"广场"的方式相吻合。因此，综合远创公司使用标识的整体情况、使用环境和状态，被诉标识足以使原、被告双方的相关服务或产品产生明显区别，不会造成市场混淆或误认。但法院同时认为被诉标识中含有的"星光时代广场"文字与原告请求保护的商标"时代广场"在文字的构成要素上毕竟具有一定程度的近似性，故远创公司在使用被诉标识中的"星光时代广场"文字时，应当限于现有的使用范围、使用环境和使用方式，并保证标识的整体性和完整性，保持与原告请求保护的注册商标有明显区分的使用环境和状态，尽可能避让原告请求保护的注册商标。

综上，重庆市第五中级人民法院认为被诉含有"星光时代广场"文字的标识与原告请求保护的注册商标具有明显区别，不能认定为侵犯注册商标专用权意义上的近似商标，判决驳回了龙庆公司的诉讼请求。一审宣判后，双方均未上诉，现该判决已发生法律效力。

[评析]

商标近似侵权判定中应当以
混淆性近似作为判断标准

本案涉及商标近似侵权判定中商标近似的判断标准问题。第一种观点认为，被告远创公司使用的"星光时代广场"相关标识包含了原告请求保护的注册商标"时代广场"的全部文字，且双方均使用在第 36 类"不动产出租与管理"上，符合我国商标法第五十二条第（一）项关于

"未经商标注册人的许可，在同一种商品或者类似商品上使用与其注册商标相同或者近似的商标的"规定，构成侵犯注册商标专用权的行为。第二种观点认为，商标法第五十二条第（一）项中对商标近似侵权的规定非常原则，从制止商标侵权的目的是禁止市场混淆的前提出发，只有构成混

民事法律文件解读

淆的近似，才能构成商标侵权判定中的近似。笔者赞同第二种观点，认为从商标制度的法理基础看，"来源混淆"应当作为认定"商标近似"的构成要件，应当适用"混淆性近似"的标准。

一、混淆性近似判断标准的正当性分析

（一）从商标的形成过程看现代商标功能

"商标"的英文是"Brand"，意思是"烧灼，打洛印于……"据考证，烙在牛和其它动物身上的印记很可能是人类使用的第一种标记，古人用这种方式来区分私人财产。大部分狩猎民族在武器上作出标记，并通过武器上的标记来确定猎物的归属。由此可见，早期标记的作用是确定财产的归属，以区分所有权。我国《吕氏春秋》中首次提到"物勒工名"，意思是器物的制造者要把自己的名字刻在上面，《唐律疏议》也明文规定："物勒工名，以考其诚，功有不当，必行其罪。"究其实质，"物勒工名"制度并非是一种权利，而是一种责任，即向官府承担的质量保证责任。古代招牌的使用更接近于现代意义上的商标。在被火山爆发所埋于地下的意大利庞培和郝库兰尼姆古城的废墟中就发现了很多招牌。《韩非子·外储说右上》中记载："宋人有沽酒者，升概甚平，遇客甚谨，为酒甚美，悬帜甚高"。随着贸易和商业的发展，当货物开始运往不同的地方时，消费者和生产者之间不再是面对面的交易，于是，这些标记的目的性指向也逐渐发生了改变，特别是当市场对某个或某些生产者的物品形成偏好时，那些最初为确定责任而标注的强制性标记就起到了识别货源的作用。①

从商标的形成过程看，现代商标有三个历史起源：一是财产所有权的标记；二是用于追究生产者责任的生产标记；三是古代的店铺招牌。无论是为了区分所有权，还是为了区分责任，亦或是店铺招牌，使用标记的目的都是为了便于识别。因此，"区分或者标识功能无疑是商标的主要功能或者基本功能，也是其原始功能。不具有来源识别意义的商标不能称其为商标。"②

（二）从商标功能看混淆性近似判断标准的正当性

现代商标制度中，有学者提出商标的功能有识别功能、品质担保功

---

① 孙英伟：《从商标形成过程谈现代商标的功能》，载《商业时代》2012 年第 2 期。

② 孔祥俊：《商标和不正当竞争法原理和判例》，法律出版社 2009 年版，第 43～44 页。

能、广告功能等。但笔者认为：首先，商标的识别功能是最基本的功能。在现代工业化和全球化的背景下，正如美国学者弗里德曼所说："在或多或少基于自由经营的批量生产中，商标发挥着至关重要的作用。为了争夺消费者，各商家进行着激烈的竞争；然而许多商品从工厂倾泻出来时，其区别仅仅在于包装和名称。"① 正是商标的识别功能才"为消费者或者终端使用者识别被标识的商品的来源提供保障，其方式是因不具有任何混淆可能性而使其能够与他人商品或者服务区别开来"。② 其次，关于商标的品质担保功能。与其说品质担保是商标的功能，不如说品质担保是生产者或经营者的义务，应该属于"责任范畴"的概念，有助于消费者识别责任主体。再次，关于商标的广告功能。商标的广告功能是对识别功能的延伸，也是对商标识别功能的一种商业利用。商标如果没有识别性，商标的广告功能将会不复存在。因此，商标的所谓品质担保功能、广告功能都是从商标识别功能中衍生出来的功能，必须依附识别功能的"主干"，其品质担保功能、广告功能等才能"枝繁叶茂"。商标的识别功能应当是其基础的甚至是唯一核心的功能。商标的识别功能既包括商品

来源的识别，亦包括责任主体的识别。之于前者，商标识别的是"物"；之于后者，商标识别的是"人"，从而使商标识别功能实现了识别"物"和"人"的统一。③

如前所述，商标的核心功能是识别功能，即区分商品或者服务的来源，也就是说，只要普通消费者能够区分商品或者服务的来源，换言之，即商标的识别功能得到了发挥，就不应当存在侵权的问题。④ 因此，在商标近似侵权的司法判定中，"商标近似首先是一个法律概念（指商标法意义上的近似），而不仅是一个事实概念，即从制止商标侵权的目的是禁止市场混淆的前提出发，只有构成混淆的近似（混淆性近似），才能构成商标侵权判定中的近似，而不仅仅是

---

① ［美］劳伦斯·M·弗里德曼：《美国法律史》，苏颜新等译，中国社会科学出版社2007年版，第474页。

② Canon Kabushiki Kaisha V Metro – Gold-wyn – Mayer Inc，Case C – 39/97（EC）.

③ 余俊：《商标功能辨析》，载《知识产权》2009年第11期。

④ 这里需要说明的是，驰名商标淡化理论中所淡化的是商标的显著特征，其与传统的以"相同或相似"为基点的商标侵权理论不同，商标淡化理论摒弃了混淆或混淆的可能性，确立了一整套与传统商标侵权理论不同的商标侵权制度。因此，本文并不探讨驰名商标的反淡化保护问题。

商标各要素在事实上的近似。"① 美国兰哈姆法第32条第（1）项规定："凡商标使用于商品之上，足致消费者对于商品之来源发生混淆、误认或受欺骗者即构成商标之近似。"② 笔者理解，该条规定在商标侵权判断中，首先需要对来源的混淆或者混淆可能性作出判断，只要在商品或者服务的来源上具有混淆或混淆的可能性，即使商标在外观、读音、含义等事实上近似程度一般或有一定的区别，仍应当认定构成商标侵权。TRIPS协定第16条第（1）项规定："注册商标所有人应当享有下列专用权，即阻止所有第三人在贸易过程中不经所有人同意，在具有造成混淆的可能性的情况下，在相同或者近似的商品或者服务上使用相同或者近似的商标。"可见，混淆性近似作为商标近似侵权的判定标准，是各国商标法的普遍要求，亦为相关国际条约所接受。根据我国商标法第五十二条第（一）项规定，"未经商标注册人的许可，在同一种商品或者类似商品上使用与其注册商标相同或者近似的商标的"，构成侵犯注册商标专用权的行为。虽然该条规定并未明确将混淆作为商标相似侵权的构成要件，但《最高人民法院关于审理商标民事纠纷案件适用法律若干问题的解释》

第九条第二款对商标近似的定义进行了明确，即："商标法第五十二条第（一）项规定的商标近似，是指被控侵权的商标与原告的注册商标相比较，其文字的字形、读音、含义或者图形的构图及颜色，或者其各要素组合后的整体结构相似，或者其立体形状、颜色组合近似，易使相关公众对商品的来源产生误认或者认为其来源与原告注册商标的商品有特定的联系。"因此，笔者认为，通过对商标形成过程的历史和商标功能的法理分析，应当正确理解商标法第五十二条所规定的商标相似侵权判断标准，在司法实践中统一"混淆性近似"的判断标准，且应当重点考量"商品或服务来源的混淆或混淆可能性"，而不只是考虑商标本身的近似性。

二、判断混淆性近似时需考量的因素

《美国不正当竞争法重述》（第3版）的评论指出："随着行为人的标识与商标所有人的商标之间的近似性的减弱，其他因素，诸如比较各自的营销方式和购买者的注意程度，就更有重要性。在涉及竞争性商品的案件

_____

① 孔祥俊：《商标和不正当竞争法原理和判例》，法律出版社2009年版，第249页。

② 曾陈明汝：《商标法原理》，中国人民大学出版社2003年版，第299页。

中，法院在决定被控标识是否为'混淆性近似'时，有时需要探究这些因素。这意味着，该标准包括比较两个标识之外的考量。"① 《欧盟商标指令》指出，混淆可能性的认定取决于多种因素，特别是取决于商标的市场知名度，使用的标识与注册的标识之间形成的联系，商标与标识以及所使用的商品或者服务之间的近似或者类似的程度。② 可见，认定混淆或混淆的可能性需要考虑多种因素。司法实践中，"法院在判定是否存在混淆之可能时，其所审视的是诸如以下这些方面，即原始商标和被控侵权的商标之间在拼写上的相似性、原始商标的强度、所涉及产品的相似性、该产品的消费者是否重合、产品是否通过相同的经销店出售以及消费者对这些产品的内行程度。"③ 美国 1938 年的《侵权法重述》第 731 条还列举了考察混淆可能性的 9 个基本因素：（1）产生误认的可能性；（2）扩展业务产生竞争的可能性；（3）共同购买者或使用者的情况；（4）销售渠道；（5）产品或服务功能上的关系；（6）商标显著性；（7）消费者注意程度；（8）商标使用时间的长短；（9）行为人选择和使用商标的意图。④ 因此，法官在认定混淆或者混淆的可能性时应当尽量综合考量各

种相关因素，并将认定的理由写入裁判文书，以增强裁判的公信力和可信度。最高人民法院在（法国）拉科斯特股份有限公司与（新加坡）鳄鱼国际机构私人有限公司商标侵权纠纷案中认为，"由于不同案件诉争标识涉及情况的复杂性，认定商标近似除通常要考虑其构成要素的近似程度外，还可以根据案件的具体情况，综合考虑其他相关因素，在此基础上认定诉争商标是否构成混淆性近似。诉争商标虽然在构成要素上具有近似性，但综合考量其他相关因素，仍不能认定其足以造成市场混淆的，不认定其构成侵犯注册商标专用权意义上的近似商标。"⑤ 因此，在商标侵权判定中，需综合考虑各种因素，因为商标近似或许是导致消费者混淆的原因，但并非唯一原因，相似商标也未必导致消费者混淆，如汽车领域的"H"近似商标、新加坡和法国"鳄

---

① Restatement (third) of Unfair Competition § 21, comment b, 1995.

② First Council Directive of 21 December 1988 to Approximate the Laws of the Member States Relating to Trade Marks, 89/104/EEC.

③ ［美］威廉·M·兰德斯、理查德·A·波斯纳：《知识产权法的经济结构》，金海军译，北京大学出版社 2005 年版，第 259 页。

④ 孔祥俊：《商标和不正当竞争法原理和判例》，法律出版社 2009 年版，第 287 页。

⑤ 见最高人民法院（2009）民三终字第 3 号民事判决书。

鱼"近似商标等。司法实践中，必须兼顾商标权人权益、竞争者利益、消费者利益和公共利益的平衡，因为如果允许某一个商业主体对某一商标以及与其近似的商标或标识享有绝对的过于宽泛的禁止权，将有违商业主体的公平竞争属性，进而会损害消费者利益甚至公共利益。

具体到本案而言，首先，考量行为人的主观意图。法院根据被告远创公司在其建筑物前广场立柱上使用的"协信·星光时代"文字标识以及轻轨站名的实际报站为"协信·星光时代"的事实，认定远创公司的行为不属于刻意模仿知名商标或品牌的行为，其主观上并无利用原告请求保护的商标的声誉和知名度，也没有故意造成消费者混淆、误认的主观意图。其次，考量商标显著性以及实际使用情况。"时代广场"注册商标中，"广场"两字作为通用词语，权利人显然不具有专用权；从龙庆公司使用"时代广场"的具体情况看，从 2004 年获得商标授权至 2011 年重装开业之前的时间段内，其商标的使用频率和宣传力度都比较弱。再次，

考量商标本身的近似性。无论从商标文字上的含义、字形，还是从形状、读音来看，"星光时代"与"时代广场"显然都不应当具有近似性。最后，标识整体使用环境的考量。虽然"星光时代广场"包含了注册商标"时代广场"的全部文字，但远创公司在使用"星光时代广场"时，或加入"协信"，或加入双"S"图形，且与始终英文"starlight place"组合使用，形成了标识的整体区别性。正是基于以上综合因素的整体考量，法院作出了不相近似的认定。当然，结合案件的具体情况，商品类型和消费者的注意程度也是重要的考量因素。如常识表明，对于购买汽车、游艇等贵重、奢侈品的消费者而言，通常情况下，这不会是一种凭"一般印象"就会立即购买的产品，购买者的高度的谨慎程度必然会减少混淆的概率；相反，如果是购买一袋方便面或一瓶啤酒，这种较便宜的商品的购买者通常在购买时注意较少，在作出购买决定时不会花太多的时间进行考虑，则因商标近似而造成产品来源的混淆的可能性就越大。

[法律适用问题解答]

婚姻家庭纠纷审理热点、难点问答（六）

吴晓芳[*]

一、张先生与齐女士经人介绍相识，很快共同居住生活在一起，期间张先生出资 33 万余元购买宝马 mini 汽车一辆，该车行驶证登记为齐女士。双方分手后，张先生起诉要求齐女士退还全部车款 33 万余元。齐女士辩称，车款是张先生支付的，其与张先生系恋爱关系，该车登记在自己名下是实质上的赠与关系，且已履行完毕，无法定理由不能撤销。此种情况如何处理？

答：在日常交往过程中，恋爱中的男女双方为增进感情会相互赠送小礼品、衣物等，在共同用餐或共同游玩中也会有所花费，这类赠送数额不大，一方是在明知自己没有赠与义务的情况下主动支付的，因而是无偿的赠与行为。根据相关的法律规定，一旦赠与物交付，赠与人在非法定情况下，不得要求返还。因此，对于这类小额赠送，分手后一方不能要求另一方返还。

大额赠送一般是指赠送贵重家电、首饰、汽车、房屋等物品，恋爱期间的大额赠送不是单纯地以无偿转移财产为目的，该赠与具有明确的指向性和目的性，前期是为了建立恋爱关系，后期是为了缔结婚姻关系，这种赠与已经超出了男女日常交往时礼尚往来的范围，属于典型的目的性赠与。一方接受了大额赠与，应视为其同时接受赠与行为所附之条件，并受该条件的约束，而不能将赠与物与所附的条件割裂开来，只接受赠与物，而不接受赠与所附的条件。如

---

* 最高人民法院民一庭法官。

果一方赠与的目的落空，赠与行为丧失法律效力，接受大额赠与的一方对其取得的物品便失去了占有的合法依据。给付人可以请求不当得利之返还。当然，大额赠送和小额赠送是相对的概念，处理有关纠纷时要综合考虑双方的实际经济状况，关键是看赠与物的价值是否超出了一般男女交往礼尚往来的程度。

二、双方同居期间一方为另一方买房出资 17 万元，另一方为此专门写了书面的情况说明，后双方发生纠纷诉到法院，一方请求法院判令另一方返还借款 17 万元。另一方辩称，双方已到了谈婚论嫁的程度，而且同居了很长一段时间，买房出资系自愿赠与，跟借款是两码事。此种情况如何处理？

答：双方在同居期间互相给付财物的现象较为普遍，给付的性质有时是馈赠，有时是借贷。如果有借条证明双方存在借款关系，出借人要求返还时，一般应予支持。

借款双方牵涉到男女感情关系时，通常人们思维定势是女方在分手时以借款名义要的分手费，即便是真的存在借款关系，在这种特定关系下也难以轻易让人相信是借款。在处理有关恋爱期间的借款纠纷时，既要审查借款原始凭证，如借条、欠条、汇款凭证等相关原始证据，同时也要查明借款过程、借款来源等事实，原告陈述的事实与借条反映的事实应逻辑一致，相互吻合。如果查明双方确系存在借款关系，那么合法的借款关系受法律保护，即便双方是恋人关系，出借一方主张另一方返还借款时，也应得到法院的支持。

三、双方于 1997 年按当地习俗举行婚礼并同居生活，至今未办理结婚登记手续。同居期间，因女方无生育能力，导致双方感情日渐疏远并分居。女方以双方的婚姻关系属事实婚姻，自己为男方尽了一定义务，且自身无生育能力，属严重疾病无法医治为由，向法院起诉，请求判令平均分割共有财产及男方一次性支付扶养费 2 万元。此种情况如何处理？

答：双方未办理结婚登记手续而以夫妻名义同居，其同居关系不受法律保护。因双方同居时间是在《婚姻登记管理条例》公布实施后，按照《最高人民法院关于适用〈中华人民共和国婚姻法〉若干问题的解释（一）》第五条的规定："未按婚姻法第八条规定办理结婚登记而以夫妻名义共同生活的男女，起诉到人民法院要求离婚的，应当区别对待：（一）1994 年 2 月 1 日民政部《婚姻登记管理条例》公布实施以前，男女双方已经符合结婚实质要件的，按事实婚姻处理。（二）1994 年 2 月 1 日民政部《婚姻登记管理条例》公布实施以后，男女双方已经符合结婚实质要件的，人民法院应当告知其在案件受理前补办结婚登记；未补办结婚登记的，按解除同居关系处理。"所以女方诉称双方的婚姻关系属事实婚姻无法律依据，关于女方要求平均分割共有财产的请求，因双方没有合法的婚姻关系，不能当然依照夫妻共同财产的分割原则来处理同居期间的财产问题。女方诉称其无生育能力，属严重疾病无法医治，要求男方一次性给付扶养费 20 000 元的问题，由于双方属于同居关系，不受婚姻法保护，男方没有扶养女方的义务。

四、男女双方按照农村习俗订婚，由婚姻介绍人转交所送女方彩礼钱9000 元，女友的父亲代为收下，后女方因车祸死亡。男方以送彩礼造成家庭困难为由，向女方父亲要求返还彩礼。男方的请求应予支持吗？

答：女方父亲代其女收取彩礼，是缘于女儿与男方相互之间订有婚约，女方遭遇车祸身亡已终止民事行为能力，男方将女方父亲列为被告符合法律规定。女方因死亡无法履行婚约承诺，双方对此均无过错，女方父亲有义务代其女返还对方的彩礼。

五、男方与比自己大 9 岁的女方同居，期间女方花钱以自己名义，买了一套房屋和一辆轿车，后女方又投资购置设备开了家公司，男方做她的专职司机。双方闹纠纷分手后，男方起诉到法院要求分割同居期间的财产，应如何处理？

答：房子和车子都是女方自己掏钱买的，不属同居期间的共同财产。同时，男方只是女方公司的司机，无证据证明其出资并参与了公司经营，对男方的诉讼请求应予驳回。

在同居关系中，财产登记在谁的名下，一般就认定是谁的，另一方有异议，则必须提出充分的证据。同居期间双方的财产和夫妻财产不同，前者并非法定共有。审判实践中，应将重点关注此类争议财产是否属于同居双方"共同购置"或者"共同创造"。

六、女方与男方同居后怀孕，男方承诺很快结婚，还向女方写了一份保证书，保证在以后的日子里只爱女方，如有背叛和离弃，将以 15 万元作为赔偿。后男方拒绝与女方成婚，女方为此起诉到法院，要求判令男方履行承诺与其结婚，并支付 15 万元情感保证金。此种情况如何处理？

答：双方交往过程中自愿发生性关系，导致女方怀孕，因其均系完全民事行为能力人，上述行为属于道德调整范畴。根据婚姻自由原则，女方要求与男方建立婚姻关系的请求，依法不予支持。而感情的维系不应以金钱作为对价，保证书内容仅系表达感情的一种意愿，男方的行为尚未构成对女方人身权的侵害，其单方承诺不具备强制执行的法律效力，女方要求男方支付情感保证金缺乏法律依据，应当予以驳回。

男女双方在交往过程中，一方承诺一定与另一方结婚，并写下保证书，声称如有背叛和离弃，将以 N 万元作为赔偿。日后双方发生矛盾，一方拒绝与另一方结婚，另一方起诉到法院要求判令履行结婚承诺与其结婚，并支付 N 万元的情感保证金。处理这类纠纷，应明确两个基本点：首先，婚姻不得强求，因为婚姻法第五条明确规定："结婚必须男女双方完全自愿，不许任何一方对他方加以强迫或任何第三者加以干涉。"其次，感情维系不应以金钱作为对价，双方分手后索要情感保证金缺乏法律依据，不应得到支持。

在司法实践中，适用该规则审理同类案件时应注意以下问题：

（1）如果双方因恋爱分手或结束同居关系时，一方自愿给予另一方经济上的补偿，法律并不禁止，已经给付的不能再要求返还，从法律性质上类似于赠与。但如果仅仅签有协议或以欠条形式立下字据事后反悔的，另一方诉讼到法院要求履行协议的，法院不予支持。因为恋爱自由，同居关系不受法律调整，分手时索要诸如"青春损失费"、"名誉损失费"之类的损失于法无据。

（2）对于有配偶者与他人发生婚外性行为，关系破裂时签订的经济补偿合同，就其性质而言符合合同法赠与合同的规定，这种赠与基于违反公序良俗的不正当性行为而产生，当事人基于不法原因达成的赠与合同自然无效。关于不法原因给付的法律后果，各国均规定受害人的请求权被排除，不得请求返还。法律作此规定，目的在于制裁不法原因给付之人。因此，对于已经支付给一方的经济补偿款，基于不法原因给付的理论，另一方不得请求返还。尚未给付的，因赠与合同被确认为无效，未履行的，不得履行。

七、双方恋爱期间女方表示愿意嫁给男方，但要求男方出资购买一处房产，作为结婚的附加条件。后男方出资购买了房屋及配套家具，并在办理过户手续时将房屋登记为其与女方共有。事后，双方因多次闹矛盾导致无法共同生活，并最终分手。因女方未能与自己结婚，男方起诉要求女方搬出。此种情况如何处理？

答：根据民法通则的规定，民事法律行为可以附条件，附条件的民事法律行为在符合所附条件时生效。男方出资购买房屋是以双方缔结婚姻为所附条件，现双方已分手，所附条件无法实现。因此，法院应支持男方的诉讼请求。

八、双方当事人不愿补办结婚登记的法律后果是什么？

答：根据婚姻法第八条的立法精神，对于未办理结婚登记手续即以夫妻名义同居生活的男女，只要符合法定的结婚实质要件的，就可补办结婚登记，认可其婚姻效力。但却没有明确不去补办结婚登记的后果，故《婚姻法司法解释（一）》对此问题进行了明确规定：第一，1994年2月1日《婚姻登记管理条例》公布实施以前，男女双方符合结婚法定要件的，可认定其具有事实婚姻的效力，不必再行补办结婚登记手续。第二，对1994年2月1日《婚姻登记管理条例》公布实施以后，男女双方符合结婚法定要件的，应当告知其在案件受理前去补办结婚登记后，方可按离婚案件处理；对不愿补办结婚登记而又坚持"离婚"的，按解除同居关系处理。

九、未办结婚登记而以夫妻名义共同生活的男女，在同居生活期间一方死亡，另一方要求继承死者遗产，应如何处理？

答：人民法院应首先区分双方属于事实婚姻关系还是同居关系，如为事实婚姻关系的，可以配偶身份按继承法的有关规定处理；如认定为同居关系，只能根据扶养的具体情况，按照继承法第十四条的规定："对继承人以外的依靠被继承人扶养的缺乏劳动能力又没有生活来源的人，或者继承人以外的对被继承人扶养较多的人，可以分给他们适当的遗产"，同居一方可以作为法定继承人以外对被继承人扶养较多的人分得适当的遗产。

十、《最高人民法院关于人民法院审理未办结婚登记而以夫妻名义同居生活案件的若干意见》第十条规定："解除非法同居关系时，同居生活期间双方共同所得的收入和购置的财产，按一般共有财产处理。"怎么理解这里的"一般共有"呢？

答：从2004年开始，人民法院不再受理单纯的解除同居关系案件。在同居财产关系的处理上，法官普遍认为，"一般共有"语焉不详，难以操作。在我国民法理论中，共有只有两种形式：共同共有和按份共有，而没有"一般共有"的概念。我们认为，共有关系分为共同共有和按份共有。按份共有人按照各自的份额，对共有财产分享权利，分担义务。共同共有人对共有财产享有权利，承担义务。为了和我国法定的夫妻财产制有所区别，上述司法解释使用了"一般共有"这个词，其实就是指民事法律关系中的"共有"，包括按份共有和共同共有两种情况。也就是说，同居关系不同于合法婚姻中的夫妻关系，夫妻共有财产关系是基于配偶身份而产生的，法律强调的是身份关系，并不要求夫妻双方付出同等的劳动、智力才能共同所有。而其他财产共有关系主要是基于共同投资、共同经营而产生的，如合伙共有关系、共同出资购买的共有房屋等。在解除同居关系时，对同居生活期间双方共同所得的收入和购置的财产，如果查明属于按份共有关系，则按照各自的份额分享权利；如果查明属于共同共有关系，则对共有财产享有权利。由于双方不具有配偶身份关系，对同居期间的财产并不当然享有共同所有的权利，一方的收入另一方无权要求分割，一方继承的财产另一方也无权享用。

从比较法的角度来看，在非婚同居关系解除后果的效力上，欧美国际作出不及于婚姻效力的规定。如《瑞典联合家庭法》规定，非婚同居的终止不需要具备法定理由，也不需要正式程序。终止非婚同居关系时，有权分割共同的住宅和共同的日常用品，但其他财产则不在分割之列。同时，任何一方都不享有终止损害赔偿请求权。但也有国家基于在非婚同居规制中保护女性等弱势方权益而作出不同的规定，如《埃塞俄比亚民法典》规定，女方可以随时结束同居而不承担任何损害赔偿或返还原物的责任；男方要求终止时，出于公平的目的，法院可判处其对女方偿付不超过 6 个月的生活保持费用的赔偿。①

十一、怎样理解《婚姻法司法解释（二）》有关彩礼条款中的"双方未办理结婚登记手续"？

答：婚前一方向对方索要的财物在民间称之为"彩礼"，而《婚姻法司法解释（二）》中规定的"彩礼"并不是一个规范的法律用语，仅是习惯用语。该司法解释第十条规定："当事人请求返还按照习俗给付的彩礼的，如果查明属于以下情形的，人民法院应当予以支持：（一）双方未办理结婚登记手续的；（二）双方办理结婚登记手续但确未共同生活的；（三）婚前给付并导致给付人生活困难的。适用前款第（二）、（三）项的规定，应当以双方离婚为条件。"在此不能机械地理解"双方未办理结婚登记手续"一词，比如有的当事人以夫妻名义同居生活多年，孩子也生了好几个，在解除同居关系时，一方

① 薛军译：《埃塞俄比亚民法典》，中国法制出版社 2002 年版，第 143 页。

民事法律文件解读

以"双方未办理结婚登记手续"为由，请求对方返还曾经给付的彩礼。这种情况就与该司法解释规定的情形不符，该司法解释实际上指的是一方按照习俗收了彩礼，而双方并没有去办理结婚登记手续也没有在一起共同生活的情形。

十二、《婚姻法司法解释（二）》规定："当事人起诉请求解除同居关系的，人民法院不予受理。"现在审判实践中存在的棘手问题是，如果当事人之间属于事实婚姻关系，双方关系破裂时不去法院解除，后来一方又与他人登记结婚，这时被人状告犯了重婚罪怎么办？

答：我们认为，这里涉及一个婚姻法司法解释与刑法的衔接问题。我国刑法第二百五十八条规定："有配偶而重婚的，或者明知他人有配偶而与之结婚的，处二年以下有期徒刑或者拘役。"最高人民法院的有关批复明文规定："新的《婚姻登记管理条例》发布施行后，有配偶的人与他人以夫妻名义同居生活，或者明知他人有配偶而与之以夫妻名义同居生活的，仍应按重婚罪定罪处罚。"由此可以看出，重婚罪一般有两种情况，一是有两个法律婚的，也就是说与两个或两个以上的异性登记结婚的；二是有一个法律婚，又有一个或数个事实婚的。这里还细分为两种情况，一种是法律婚在前，然后又跟他人以夫妻名义同居的。另一种是先有事实婚，后又与他人登记结婚但仍然保持前面的事实婚姻关系的，从与他人登记结婚之时就构成重婚罪了。我们理解刑法中的"有配偶"一词指的是登记婚，如果不去登记结婚而同时与多人同居，则不属刑法重婚罪中规定的情形。然而，各地法院在这个问题上的认识很不一致，有的法院对前有事实婚后与他人登记结婚的当事人（登记结婚时不再与事实婚姻的一方同居）以重婚罪判刑。故迫切需要作出有关司法解释解决这个问题，以免出现执法混乱的尴尬状况。

《最新法律文件解读》丛书
稿　　约

　　《最新法律文件解读》是一套以为最新法律规范提供同步"解读"为主的系列丛书,分为刑事、民事、商事、行政与执行4个分册,按月出版。

　　本丛书以"解读"为重点,突出全、专、新、快、准等特点,通过对最新出台的法律、法规、司法解释、部门规章以及重要地方性法规进行同步动态解读,弥补了法律、法规、司法解释汇编类出版物没有同步阐释、解读内容的不足,为广大读者学习理解最新法律规范,正确贯彻执行法律文件,及时解决实践中的新情况、新问题,提供一个全方位、多层面的法律信息平台。

　　欢迎您向以下栏目赐稿:

　　【最新法律文件解读】主要是对最新颁行的法律文件进行解读,帮助司法和执法人员正确理解法律文件的立法背景、意义、重点内容、在适用中应注意的问题、与相关法律文件的衔接与互动关系等等。

　　【司法实务问题研究】主要刊登对司法理论、实务及司法管理工作中的热点、疑难问题进行研究及评论的文章。

　　【新类型疑难案例选评】主要是对司法和行政执法实践中具有典型性和代表性的疑难案例,结合具体案情以及审理或处理结果进行简练精辟的点评,解析认识问题的方法、处理问题的法律依据和在个案中的具体适用。

　　【法学前沿与新视点】以摘要的形式刊登相关法学理论研究的最新动态及具有代表性和典型性的前沿问题,扩展法学研究的深度和广度。

　　【法律适用问题解答】主要针对司法和行政执法实践中面临的新问题、热点问题、疑难问题进行简要地解答,指出涉及的法律关系,明确法律适用依据。

　　稿件一经刊用,即付稿酬,稿酬从优。

《刑事法律文件解读》　　兰丽专　　邮箱:lanlizhuan@ sohu. com
《民事法律文件解读》　　肖瑾璟　　邮箱:courtbook@ 163. com
《商事法律文件解读》　　孙振宇　　邮箱:shangshijiedu@ 126. com
《行政与执行法律文件解读》　　丁丽娜　　邮箱:dlnlaw@ 163. com

人民法院出版社
《最新法律文件解读》丛书编辑部

人民法院出版社 2013 年连续出版物

《中国审判指导》丛书

1.《司法研究与指导》

    张军主编,最高人民法院研究室编。全年 4 辑,每辑 42 元,共 168 元。

2.《民事审判指导与参考》

    奚晓明主编,最高人民法院民一庭编。全年 4 辑,每辑 38 元,共 152 元。

3.《商事审判指导》

    奚晓明主编,最高人民法院民二庭编。全年 4 辑,每辑 38 元,共 152 元。

4.《立案工作指导》

    苏泽林、景汉朝主编,最高人民法院立案一庭、立案二庭编。全年 4 辑,每辑 38 元,共 152 元。

5.《审判监督指导》

    江必新主编,最高人民法院审监庭编。全年 4 辑,每辑 38 元,共 152 元。

6.《知识产权审判指导》

    奚晓明主编,最高人民法院民三庭编。全年 2 辑,每辑 38 元,共 76 元。

7.《涉外商事海事审判指导》

    万鄂湘主编,最高人民法院民四庭编。全年 2 辑,每辑 38 元,共 76 元。

8.《中国少年司法》

    张军主编,最高人民法院少年法庭工作办公室编。全年 4 辑,每辑 38 元,共 152 元。

《最新法律文件解读》丛书

    共 4 种:《刑事法律文件解读》、《民事法律文件解读》、《商事法律文件解读》、《行政与执行法律文件解读》,每种每月 1 辑,每辑 16 元,每辑全年 192 元。

    《判解研究》,王利明教授主编,中国人民大学民商事法律科学研究中心主办。全年 4 辑,每辑 38 元,共 152 元。

    《刑事法判解研究》,赵秉志教授主编,北京师范大学刑事法律科学研究院主办。全年 4 辑,每辑 38 元,共 152 元。

    《刑事法判解》,陈兴良教授主编,北京大学刑事法治研究中心主办。全年 4 辑,每辑 38 元,共 152 元。

    《司法文件选》,最高人民法院研究室编,全年 12 辑,每辑 5 元,共 60 元。

    《司法文件选解读》,最高人民法院研究室编,全年 12 辑,每辑 6 元,共 72 元。

银行汇款方式:

开户银行:工行王府井金街支行

账号:0200000709004606170

开户名称:人民法院出版社

传真:010 - 67550551

上述图书,邮购请加 15% 邮费。

邮局汇款方式:

邮编:100745

地址:北京市东城区东交民巷 27 号

联系人:人民法院出版社发行部

咨询电话:010 - 67550558　67550548